자유경제 톡톡

자유경제톡톡

현진권 글 · 윤서인 그림

백년
동안

머리말

대한민국은 자유 가치를 추구하는 나라다.
자유 가치는 경제 번영으로 가는 지름길이다.
이는 역사에서 증명된 진리다.

지금 대한민국은 자유와 시장경제의 가치가 무너지고
평등과 집단주의가 횡행하고 있다.
잘못된 사상은 잘못된 정책으로 이어지고,
우리의 경제 기적 신화를 지우고 있다.

이 나라를 살리는 길은 국민이 자유 가치를 깨우치는 것이다.
자유는 경제 자유에서 출발하고,
경제 자유는 재산권 보호로 구체화된다.
이런 기초적 사상 위에서 시장경제 체제가 발전할 수 있다.

많은 학교에서 시장경제를 가르친다.
경제학은 전 세계적으로 통일된 구조를 갖는다.
그러나 이 같은 주류 경제학은 현실과 동떨어져 있다.
시장보다 정부의 힘이 더 중요하다고 가르친다.
그 결과 시장은 쪼그라들고, 정부는 피둥피둥 살찌고 있다.

이런 경제학으론 이 땅에 유령처럼 돌아다니는
시장경제에 대한 잘못된 인식을 깰 수 없다.

우리의 경제학은 사회주의 경제와 싸우는 경제학이 돼야 한다.
화려한 테크닉으로 지적 유희의 장이 돼선 안 된다.
경제 자유와 시장경제에 대한 온갖 음모와 거짓에 저항해야 한다.

경제 교육은 단지 지식의 교육이 아니다.
우리가 이 땅에서 '사느냐 죽느냐'의 생존 문제다.
경제 자유가 없는 전체주의 국가는 노예의 삶이며,
죽음의 길이기 때문이다.

사람들이 왜 이런 간단한걸 모를까요?
그러니까 자꾸 얘기해야지! 별수있나?

깨어나라 사람들아
깨어나라 대한민국
윤서인

차례

제5부 시장은 경쟁이다

제6부 착한 정부는 없다

제7부 시장경제의 오해

제8부 시장경제와 대한민국

제1부

자유와 개인

모든 것은 사상에서 출발한다. 사상은 이념·철학이라고도 한다. 사상이란 결국 인간에 대한 생각이다. 인간을 어떻게 보고, 어떻게 살아갈 것인지에 대한 생각을 체계화한 것이 사상이다. 사상의 종류는 천차만별이어서, 서로 다른 사상끼리 충돌하는 경우도 발생한다. 지난 세기 우리 한반도에서 자유주의 사상과 사회주의 사상이 충돌한 것이 대표적인 예다. 이 지난한 싸움은 여전히 진행 중이다.

어떤 사상은 인간을 더 잘살게 해주지만, 잘못된 사상은 국민을 가난으로 몰아넣는다. 때문에 사상을 선택한다는 것은 결국 풍요와 가난, 둘 중 하나를 선택하는 것이다.

경제 체제도 사상에서 출발한다. 사상이 없다면 경제 체제가 존재할 수 없다. 우리나라는 '시장경제' 체제를 가지고 있다. 시장경제 체제는 나타난 결과이고, 이 체제를 낳은 사상은 '개인'과 '자유'에서 출발한다. 개인과 자유에 대한 믿음이 없는 시장경제 체제는 기초 없는 모래성일 뿐이다. 시장경제의 본질과 원리를 이해하려면 먼저 개인과 자유에 대한 사상을 알아야 한다.

이 장에서는 시장경제의 출발점인 '자유'에 대해 알아본다.

자유란 무엇인가

우리나라 이름은 '대한민국'이다. 대한민국은 어떤 나라인가? 김치가 있는 나라, 아시아 대륙에 있는 나라, 한반도에 위치한 나라 등등 여러 가지로 기술할 수 있다. 그러나 한 국가를 나타내는 가장 중요한 정체성은 그 국가가 어떤 가치를 추구하느냐다. 대한민국은 '자유'라는 가치를 추구하는 나라다.

우리에게 가장 소중한 가치 하나를 선택하라고 하면 '자유'를 택해야 한다. 다른 사상이나 종교·도덕·정치 체제가 자유를 침해할 경우, 자유를 지키기 위해 싸워야 한다는 뜻이다. 만약 민주 제도가 우리의 자유를 침해한다면 그 민주 제도와도 싸울 각오가 돼있어야 한다.

대한민국이 추구하는 자유의 가치는 '자유민주적 기본질서'라는 말로 헌법에 명시돼 있다(제4조). 다른 말로 자유민주주의다. 자유민주주의라는 말을 이루는 '자유'와 '민주주의'라는 두 개 명사는 서로 다른 의미를 갖는다. 자유는 '가치'이고, 민주주의는 하나의 '정치 체제'다. 민주주의는 다수의 의사를 중시하기 때문에, 때로는 민주주의의 이름으로 소수의 자유를 침해할 수 있다. 민주주의가 자유를 억압할 수 있다는 뜻이다. 이럴 경우 우리는 '자유'와 '민주주의' 중 무엇을 우선시해야 할까? 당연히 '자유'다. 다수결이라는 민주주의 절차에 따랐다고 해도 자유를 침해해서는 안 된다는 말이다. 그 어떤 정치 체제·도덕·이념·종교도 자유 위에 군림할 수 없다.

그러나 한국 사회에서는 '자유'보다 '민주주의'를 더 앞세우는 경향

자유민주주의
자유 민주주의는 다수의 뜻보다 개인의 '자유'가 더 우선하는 민주주의야.
???
자유가 없는 민주주의는 마녀사냥, 인민재판이 횡행할수밖에 없어.

이 있다. 민주주의를 제대로 이해하지 못하고 있기 때문이다. 우선 민주주의라는 용어부터 잘못 만들어졌다. 일본이 메이지 유신 시절에 영어의 'democracy'를 '민주주의'로 번역했고, 우리는 일본이 번역한 한자어를 그대로 가져다 사용하게 됐다. 그러나 'democracy'는 자유주의나 사회주의 같은 '사상'이 아니라 하나의 정치 체제일 뿐이다. 때문에 '민주주의'보다 '민주 제도'라고 하는 것이 옳다.

민주 제도는 다수의 선택에 따라 국가가 운영됨을 의미한다. 그러나 '진리는 다수결이 아니다'라는 말도 있듯이, 민주 제도의 원리인 다수결은 다수의 결정이 항상 옳다는 것을 전제하는 것이 결코 아니다. 다수의 선택이 항상 옳을 수 없기 때문에 민주 제도 역시 완벽하지 않다. 나치 시대 독일이나 문화혁명기 중국의 광기는, 대중은 바람이 부는 방향으로 쏠리는 속성을 가지고 있다는 것을 잘 보여주었다.

현실에서는 오히려 소수의 의견이 사회에 더 이로울 수 있다. 예를 들어 바둑 9단 1명과 9급 100만 명이 대국을 할 때, 1명의 선택이 100만 명의 선택보다 더 현명할 수 있다. 그럼에도 다수결 민주 제도를 최선의 방법인 것처럼 맹신했다가는 그릇된 길로 접어드는 것은 시간문제다. 자유는 민주의 이름으로 파괴될 수 있다.

앞에서 우리나라 경제 체제가 시장경제라고 했는데, 자유에 대한 이해 없이 시장경제를 이해하기란 불가능하다.

그렇다면 자유란 무엇인가? 대한민국의 정체성이 '자유'에 있다고 하지만, 워낙 익숙하고 당연한 말이다보니 대다수 사람은 자유의 의미를 곰곰 새겨볼 기회가 없다. 가정이나 학교에서 정색하고 가르치지도 않는다.

한명의 전문가는 비전문가 백만명이 와도 대신할 수 없다.
전문 분야에서 쪽수란 답이 될수 없어.
인류의 역사는 소수의 전문가들이 발전시켜왔다.
민의란 늘 위대한게 아니다.
유사이래 각종 민족주의 파시즘이 〈민의〉에 바탕을두고 일어났다.

‘개인’이라는 위대한 가치

자유의 주체는 ‘개인’이다. 개인이 없다면 자유 역시 존재 이유가 무색해진다.

전통 사회와 대한민국의 결정적인 차이는 ‘개인’에 대한 인식에 있다. 조선 시대까지는 개인이라는 개념이 없었기 때문에 ‘개인’이라는 말도 없었다. 개인이 없으니 ‘자유’라는 개념과 말도 존재하지 않았다. 개인 대신 ‘백성’이라는 집단만 있었고, 백성은 조선의 유일한 개인인 왕을 위해 존재했다. 백성의 구성원인 무수한 사람들은 짐승 떼와 같았고, 개인으로서 존엄성과 인권을 인정받지 못하고 왕을 향한 충성만 강요받는 객체의 삶을 살았을 뿐이다. ‘반만년 역사’라고 하지만, 1948년에 대한민국이 건국되기 전까지 한반도는 그저 왕을 위한 세상일 뿐이었다.

대한민국 건국은 한반도 역사에서 일어난 최고 최대의 혁명이다. 개인의 존엄성을 바탕으로 자유를 허용하는 체제가 만들어진 것이 이때였다. 이때부터 개인이 모인 집단을 백성이 아닌 ‘국민’이라고 부른다. 국민은 개인들의 합을 총칭하는 말이지만, 그 국민 속 개인 한 명 한 명은 모두 하나의 존재로서 의미와 가치를 갖는다. 이 개인의 존재가 인정됨으로써 비로소 ‘자유’도 빛을 발하게 됐다. 개인이 없다면 자유도 없다.

우리는 누구나
개인 이다.

각자
個人
낱 개
사람 인
하나 하나의 사람
개인은 그냥 말 그대로 개인이다.

개인은 소중하다
나에겐 내가 우주이고 전부
세상은 나를중심 으로돌아 가니까
'개인주의'는 개인이 제일중요하다는사상이다.

우리에겐 '나'가 없다

우리는 개인의 가치를 가장 소중하게 여기는 체제 속에 살고 있으면서도, 현실에서는 개인보다 집단 위주로 생각하고 행동하는 습성이 있다. 개인과 집단은 다른 말로 '나'와 '우리'다. 우리말에는 '나'라고 할 것도 '우리'라고 하는 습성까지 있다. 영어로는 'my mother' 'my husband' 할 것을 '우리 엄마' '우리(!) 남편'이라고 한다. 물론 그래도 '나'라고 알아듣는다. 언어는 생각을 담는 그릇이다. 우리말이 개인을 나타내는 '나'에 인색하니, 우리의 생각 속에 '개인'에 대한 인식이 희박하다.

얼마 전까지 한국에선 혼자서 밥 먹거나 술 마시는 사람이 거의 없었다. 그런 사람은 개인적인 문제가 있거나 안쓰러운 사람으로 보는 분위기였다. 식당에서도 혼자 오는 사람을 반기지 않았고, 메뉴도 2인 이상이라야만 주문할 수 있는 것이 많았다. 최근 들어 '혼밥' '혼술'이 유행하며 이들을 겨냥한 상품이 개발되고 있지만, 그래도 개인이 혼자서 행동하기란 여전히 거북한 사회 분위기다. 물건을 살 때도 으레 요즘 잘 나가는 게 어떤 건지부터 묻는다. 나의 선택을 집단의 선호에 맡기는 것이다. 포털 사이트에서도 '실검(실시간 검색어)'부터 살핀다. 나의 관심을 집단의 관심에 맞추는 것이다.

개인 관념이 희박하니 개인의 사생활에 대한 예의도 없다. 그리 친하지 않은 사이에서도 "연봉은 얼마냐?" "살고 있는 아파트 가격은 얼마냐?" 하는 질문이 너무도 쉽게 나온다. 사생활 정보조차 서로 공유하는 것이 인간적이고 좋은 것이라는 인식이 팽배하다. 개인으로 생각하고 행동하는 사람은 자기밖에 모르는 이기적 인간이라고 비난받는다. 개인보다 집단으로 생각하고 행동하려는 사회다. 집단은 민족·민중·공

혼밥!
혼술!
나 혼자 산다
이제는 혼자가 대세!!
혼자 여행
I ♥ 싱글 라이프
편의점 도시락 발달!!
혜자 도시락
이제야 좀 개인의 가치에
눈뜨는 대한민국이 반갑다
집단
개인
휴

동체·함께하기 등 여러 가지 이름으로 우리의 개인 가치를 침해하고 있다.

자유는 집단이 아닌 개인에 적용되는 가치다. 개인보다 집단이 우선하는 사회는 전체주의로 빠지기 쉽다.

경제 자유는 선택할 자유

자유 하면 '신체의 자유'를 가장 먼저 떠올리기 쉽다. 자유를 노예 상태의 반대처럼 생각하는 것이다. 맞는 얘기다. 그러나 자유에는 그보다 훨씬 넓고 숭고한 뜻이 있다. 여러 가지 자유가 있지만, 가장 소중한 자유는 '경제 자유'다.

사람은 어떤 형태로든 경제 활동을 한다. 물건을 사든 사업을 하든, 현대 사회에서의 개인은 경제 활동 없이 살 수 없다. 이런 경제 활동에는 반드시 '선택'이 뒤따른다. 하다못해 음료수 하나를 사더라도 수많은 음료 중 하나를 선택해야 한다. 대학에 지원할 때, 연애 상대를 고를 때, 직장을 구할 때도 선택이 필요하다. 거꾸로 회사가 사람을 뽑는 것도 선택이다. '경제 자유'는 이 모든 과정에서 '선택할 자유'를 의미한다.

정치적 자유도 경제 자유를 위해

정치적 자유는 국민이 정치에 참여할 권리다. 민주 제도는 이러한 정치적 자유의 한 형태다.

정치적 민주주의가 정착되는 과정을 이야기할 때 미국의 독립 전쟁을 빼놓을 수 없다. 영국의 식민지였던 미국은 영국의 '세금 횡포'에 반발해 독립 전쟁을 시작했다. 당시 영국은 재정 확보를 위해 식민지인 미국에서 많은 세금을 걷고 있었다. 이때 미국에서 내세운 정치적 슬로건이 '대표 없이 세금 없다'였다. 대표란 국민을 대표하는 의회(영국의 경우 하원)의 의원이다. 세금은 경제 자유를 제한하는 대표적인 정부 정책이다. 세금을 걷어 경제 자유를 제약하려면, 먼저 정치적 자유를 위한 제도인 의회의 승인을 받으라는 말이다. 즉, 정치적 자유는 경제 자유를 보호하기 위한 것이다. 이것을 보아도 자유 중에서 가장 중요한 자유는 경제 자유다.

자유를 박탈하는 정책

2017년 출범한 문재인 정부는 경제적 약자를 위한다는 명분으로 최저 임금을 급격하게 인상했다. 최저 임금은 애초에 경제적 약자를 위한다는 '선한 의도'로 만들어진 정책이다. 그러나 이 선한 의도가 결과적으로 현재 일하고 있는 근로자 중 다수가 일자리를 잃게 만들었다. 이는 최저 임금을 올리면 필연적으로 실업자가 늘어날 수밖에 없다는 경제 원리를 무시한 결과다. 근로자는 실업자가 되느니 최저 임금보다 낮은 임금으로 일하는 쪽을 선택하고 싶지만, 고용주는 정부의 최저 임금보다 낮은 임금을 지불하면 범법자가 되기 때문에 그런 일자리를 제시할 수 없다. 정부가 국민(근로자와 기업)의 경제 자유를 박탈한 것이다.

마찬가지로 근로 시간 단축 정책도 '선한 의도'와 정반대되는 결과를 낳았다. 정부는 근로자의 '저녁이 있는 삶'을 위해 주당 52시간 이상 일하지 못하도록 법으로 강제했다. 어떤 근로자가 주당 52시간 이상 일하면 고용주가 범법자가 되는 것이다.

그러나 일주일에 몇 시간 일할지는 고용주와 근로자 간에 자연스럽게 이루어지는 거래다. 돈을 적게 벌더라도 일을 조금 하고 싶은 근로자도 있지만, 더 많은 일을 해서 많은 돈을 벌고 싶은 사람도 있다. 학자나 전문직 같은 경우는 자아 발전을 위해 자발적으로 밤낮없이 일하기도 한다. 고용주도 마찬가지다. 빠른 시일 내에 일을 마치는 것이 이윤 창출에 유리하다면 초과 근로 수당을 지불해서라도 야근을 시키는 것이 회사에 좋다. 이렇게 필요에 따라 선택하게 할 문제를 강제로 획일화한 것은 최악의 규제다. 일하는 사람은 더 하고 싶어도 일할 자유를 박탈당한 것이고, 고용주는 돈을 더 줄 준비가 돼있는데 그럴 자유를 박탈당한 것이다.

최저 임금이나 근로 시간 단축이나 의도는 선하고 따뜻했다. 최저 임금 정책은 숙련되지 않은 단순 노동자들에게 더 높은 임금을 주게 하려는 착한 마음에서 나왔다. 근로 시간 단축은 일하는 사람들이 저녁을 즐길 수 있도록 하겠다는 따뜻한 마음에서 나왔다. 그러나 선하고 따뜻한 의도와 정반대로 이것들은 결과적으로 잔인하고 냉혹한 정책이 되고 말았다. 개인의 '선택할 자유', 즉 경제 자유를 박탈했기 때문이다.

자유가 없으면 번영도 없다

경제 자유가 있는 개인은 자신이 가진 재능을 마음껏 발휘해서 새로운 무언가를 만들어낸다. 남에게 해를 끼치지 않는 범위 내에서 자유롭게 선택하고, 자유롭게 만들고, 자유롭게 거래함으로써 세상이 보다 풍요로워진다. 모든 국가는 경제적으로 풍요로운 사회를 만들고자 하지만, 세상에는 풍요로운 선진국이 있는가 하면 경제적으로 어려운 후진국

제가 일하는 시간을 대폭 줄여드릴게요
주 68시간 → 주 52시간으로^^
워크와 라이프 밸런스 아시죠?
!?

안돼요! 그럼 월급이 줄어들어요!!
저녁이 있는 삶

도 있다. 이 차이는 어디서 기인하는 것일까?

경제적으로 풍요롭다는 것은 거래가 많이 이루어진다는 뜻이다. 끊임없이 새로운 상품이 만들어지고, 구매자는 새로운 상품을 소비함으로써 새로운 경험을 하게 된다. 경제 자유는 개인들로 하여금 새로운 무언가를 창조하도록 하는 환경이다. 개인에게 자유를 주면 좀 더 많은 이윤을 얻기 위해 열심히 일한다. 누가 간섭하지 않아도 개인의 이익을 얻기 위한 본능에 따라 개인이 풍요롭게 되고, 이런 개인들의 풍요의 합이 국가의 경제 번영으로 이어진다.

그러나 정부가 개인의 경제 자유를 규제하면 자유로운 경제 활동이 제약을 받는다. 규제는 개인의 발전을 더디게 하고, 결국 국가 경제도 퇴보하게 만든다. 규제가 많은 나라에서 개인은 일할 의욕이 꺾여 열심히 일하지 않게 되고, 나라는 결국 빈곤해지는 것은 정해진 수순이다. 과거에 사회주의 체제를 선택했던 나라들이 왜 망했는지 생각하면 쉽게 이해할 수 있다. 사회주의 아래서 개인은 열심히 일할 필요도 의욕도 없어졌고, 이것이 결과적으로 국가 경제 붕괴로 이어졌다. 규제가 많은 나라는 필연적으로 못살게 되고, 경제 자유가 보장된 나라가 번영할 개연성이 높은 것은 이런 원리 때문이다.

경제 자유의 핵심은 소유권(재산권) 보장

인간은 경제적 자유가 주어지면 자발적으로 열심히 일한다. 오늘보다 나은 내일을 위해 일하는 것은 인간의 본능이다. 자유로운 개인은 열심히 일하고 돈을 벌어 부(富)를 축적한다. 부는 경제적 가치 있는 재화를 소유하는 것이므로, 경제적 자유란 결국 재화를 소유할 자유, 즉 재산권이다. 자유로운 개인이 열심히 일하는 것은 일한 만큼 자기가 많이 소유할 수 있기 때문이다. 경제 자유가 있는 사회는 개인의 소유권(재산권, 사유 재산)을 인정한다. 거꾸로, 개인의 사유 재산을 인정하지 않는 사회는 경제 자유를 인정하지 않는 사회다. 따라서 소유권 혹은 사유 재산권은 경제 자유라는 추상적인 개념이 구체적으로 나타난 모습이다.

경제 자유가 보장된 나라에서 정부는 할 일이 없다고 생각하기 쉽다. 개인들이 자유롭게 경제 활동을 하므로 정부가 개입할 여지가 적은 것은 사실이다. 그러나 경제 자유가 충분히 보장된 나라에서도 정부의 역할은 분명히 존재한다. 개인의 경제적 자유를 위해 정부가 개인의 소유권을 철저하게 보호해야 하기 때문이다. 소유권이 보호되지 않는 국가에는 경제 자유도 없다. 개인의 소유권을 인정하지 않는 사회주의 국가에는 경제 자유도 없다.

자유로운 나라에서 정부가 해야 할 가장 기본적인 역할은 개인의 소유권 보호다. 정부의 재정 지출 분야별로 보자. 국방은 외부의 적으로부터 국민의 소유권을 보호하기 위한 지출이다. 경찰(치안)은 내부의 소유권 침해 세력으로부터 개인의 소유권을 보호하기 위한 지출이다. 사법은 개인(법인 포함) 간 소유권 분쟁이 있을 때 권리 의무가 확실해지도록 강제하거나 조정해서 소유권을 보호하기 위한 지출이다. 모든 재정 지출은 경제 자유로 통한다.

정부의 소유권 침해

자유로운 사회에서는 개인의 자질에 따라 경제적 성과도 다양하다.

사람들의 생김새가 다양하듯 저마다 능력도 다르기 때문에, 경제 자유를 통해 소유하는 재산의 크기도 제각각이다. 망하는 사람이 있는가 하면 거대한 부를 축적하는 사람도 있다.

소유권은 모든 개인에게 차별 없이 보장돼야 한다. 그러나 정부는 때때로 소유권 보장에 차등을 두려고 한다. 대기업 등 소유한 것이 많은 개인이나 집단의 재산권은 제한하고 때로 침해하는 것을 정당한 것이라 착각한다. 단지 부자라는 이유로 이미 남보다 많이 내고 있는 세금을 더 많이 내라고 하고(부유세), 대기업이기 때문에 여러 가지 명목의 규제를 가해야 한다는 것이다. 이런 재산권 침해를 '형평'이니 '균형'이니 하는 이름으로 자행한다. 이름이 어쨌든지 이는 결국 경제 자유를 침해하는 것이다. 경제 자유 침해는 개인과 국가의 경제 침체로 이어진다.

얼핏 경제 자유와 소유권보다 형평과 균형의 가치가 더 중요해 보인다. 그러나 우리는 어떤 가치가 더 우월한지를 지난 세기 자유주의 진영과 사회주의 진영 간의 경쟁을 통해 배워 알고 있다. 그런데도 형평과 균형 같은 감성적인 구호에 매몰돼 경제 자유를 박탈하는 것을 아무렇지도 않게 생각한다. 이것은 결국 한 국가를 망하게 하는 길인데도 말이다.

자유에는 책임이 따른다

그런가 하면 한편에선 자유를 '방종'으로 착각하기도 한다. 제약이 없는 상태가 자유이므로, 남이야 어찌되든 나만 잘되면 그만이라고 생각한다. 그러나 타인을 무시하고 자기 마음대로 하는 것은 자유가 아니다. 자유에는 항상 책임이 따른다. 선택은 개인의 자유이고, 선택으로 인해 일어나는 결과는 오롯이 자기가 책임져야 한다. 그래서 자유를 제대로 누리기 위해서는 늘 고심해야 한다.

기업가를 보자. 기업가는 경제 자유 덕분에 마음껏 투자를 하고 사업을 벌일 수 있지만, 사업이 잘못되면 그 손해도 오롯이 자신이 떠안아야 한다. 손해나 손실은 자신의 잘못된 선택에 대한 '책임'이다. 자유로운 인간은 자신의 자유에 언제나 책임이 따른다는 것을 명심하고, 무언가를 선택할 때는 꼼꼼히 알아보고 나서 확신이 들었을 때야 비로소 선택하는 것이 현명한 경제 생활이다.

사상은 자유에서 출발해야

한 국가가 존립하기 위해 가장 중요한 가치는 '경제 자유'다. 우리 국민은 자유라는 가치를 공유해야 한다. 그러나 우리 사회에서 이에 대한 교육은 전무하다. 초·중·고 교과서 어디에서도 자유, 특히 경제 자유를 제대로 가르치지 않는다. 자유라는 '가치'를 가르치지 않고 근면·협동·친절 등 살아가는 '기교'만 가르친다. 조선 시대에도 마찬가지였다. 성리학이 가르치는 충효·삼강오륜 등은 가치가 아니고 살아가는 방법에 불과하다.

시장경제 체제는 경제 자유라는 가치에서 출발한다. 그러나 경제 자유를 부정하고 이를 파괴하려는 집단도 존재한다. 사회주의 세력이다. 사회주의자들은 '평등'이라는 가치를 앞세워 자유라는 가치를 부정하고 파괴하려고 한다.

또 '민족'을 자유보다 우선하는 가치로 여긴다. 그러나 민족은 절대적인 가치일 수 없다. 여러 민족이 섞여 한 국가를 만든 대표적인 나라가 미국이다. 우리 식 '민족'이 성립하지 않는 나라가 세계 최강의 국가가 되었다. 미국의 사례는 민족과 상관없이 중요한 가치를 공유하면 최고의 나라가 될 수 있음을 가르쳐준다. 반대로, 하나의 민족이라도 그 안에서 집단끼리 추구하는 가치가 다르면 한 나라에서 공존할 수 없다. 독일 민족은 사회주의를 추구하는 동독과 경제 자유를 추구하는 서독으로 분단돼 살다가, 동독이 붕괴되면서 경제 자유라는 하나의 가치로 통일을 이뤘다. 역시 분단국이었던 다민족국가 베트남은 사회주의 북

베트남(월맹)이 시장경제 남베트남을 무력으로 정복함으로써 사회주의 하나로 통일됐다. 역사와 문화와 정치를 공유해온 민족이나 국민이라도 추구하는 가치가 다르면 절대 공존할 수 없다.

한반도는 전 세계 유일한 분단 지역이다. 사회주의 북한과 시장경제 대한민국은 서로 대치하고 있다. 통일을 하기 위해서는 두 체제 중 하나만 택해야 한다. 체제에 중간은 없다. 시장경제와 사회주의, 둘 중 하나만 택할 수 있다. 자유보다 민족이 중요하면 자유 대한민국을 포기하고 북한에 흡수 통일돼야 한다. 그러나 자유가 민족보다 중요하다면 대한민국 주도의 통일밖에 없다. 가치가 다른 체제는 공존할 수 없는데도 '우리 민족끼리'라는 감성적 수사를 써가며 통일의 밑그림을 그리는 것은 낭만적 환상이고 기만이다.

이 같은 환상은 시장경제 대한민국을 위험에 빠뜨릴 수밖에 없다. 우리는 자유민주 체제이지만 북한은 독재 체제다. 자유민주 체제에서는 국민 개개인이 자기 생각이 있고, 국가의 미래를 결정하는 데 저마다 조그마한 지분을 갖고 있다. 그러나 독재 체제인 북한에선 한 사람의 의지에 따라 모든 것이 결정된다. 절대 독재자는 절대로 독재 권력을 내놓으려 하지 않는다. 입으로는 똑같은 통일을 말하지만 독재자는 절대로 자유 통일을 원하지 않는다. 자유 통일이 되는 그 순간 독재자는 권력을 잃게 되기 때문이다.

정책은 사상이 결정한다. 사상이 없다면 정책 방향을 잡을 수 없다. 대한민국에서는 자유라는 가치, 자유주의라는 사상과 이념이 정부 정책의 방향을 제시한다. 얼핏 사상과 이념은 편가르기를 하는 나쁜 것이고 정책은 사상·이념의 영향으로부터 독립적어야 할 것 같지만, 사상과 이념이 없는 정책은 방향을 잃은 배와 같아서 반드시 표류한다. 사상과 정책은 항상 같이 가야 한다. 자유주의라는 이념으로 세워진 우리나라의 경제 정책은 경제 자유를 가장 소중히 여기는 방향으로 가야 한다. 경제 자유를 앞세우고, 정부의 규제를 최소한으로 해야 한다. 교육 정책도 마찬가지다. 우리의 기본 가치가 자유이므로 우리의 교육 역시 자유 지향적인 교육이 돼야 한다. 자유의 가치를 가르치고, 학생과 학부모의 선택을 중시하고, 학교 간 경쟁을 통해 교육의 질이 높아지도록 해야 한다.

그러나 우리나라에서 자유는 언제나 도전받아왔다. 자유의 가치를 제대로 가르치지 않았기 때문이다. 자유만 내세워서는 안 되고 여러 가지 사상의 적당한 조합이 이상적인 것처럼 이야기하는 사람도 있지만, 그것은 틀렸다. 자유는 우리가 선택한 건국 이념이고, 반드시 지켜야 하는 가치다. 사상과 이념을 적당히 혼합하려는 시도는 자유의 가치를 희석시키려는 선동이다.

우리 사회에서 자유 가치를 왜곡시키는 두 가지 잘못된 인식을 들여다보자.

'중도'는 없다

흔히 자유를 중히 여기는 이념(이데올로기) 집단을 '우파', 사회주의적 가치를 추구하는 이념 집단을 '좌파'라고 한다. 그 사이에 '중도'가 있다. 좌와 우는 절대 함께할 수 없지만 중도는 좌·우 두 가치를 조화롭게 대변할 수 있을 것 같아 보인다.

그러나 이는 착각이다. 중도라는 말은 자유와 평등을 '좌와 우'라는 공간 비유로 부른 데 따른 착시다. 좌·우라는 비유 대신 '자유와 평등'으로 제대로 써놓고 보면, 중간은 없다. 사상에 중도란 없다. 중도는 자유와 평등의 중간이 아니다. 그럴 수도 없다. 자유와 평등은 둘 중 하나만을 선택할 수 있기 때문이다.

'중도'라는 말이 어디서 처음 나왔는지를 놓고는 의견이 엇갈리지만, 서구가 아닌 동아시아에서 나왔다는 견해가 설득력 있다. 동아시아 철학에서 중도는 '바른 길'을 의미한다. 좌·우의 중간이 아니라, 인간이 가야 할 길, 옳은 길이라는 뜻이다. 이런 뜻의 '중도'가 이미 있는데, 좌와 우 사이의 있지도 않은 '중간 길'을 중도라고 부르다 보니 '중도는 옳은 것'이라는 오해까지 생겨났다.

중도 이데올로기는 자유의 가치를 훼손하는 위험한 개념일 수 있다. 존재하지도 않는 중도가 마치 자유보다 더 옳고 중요하다는 착각을 불러일으킬 수 있기 때문이다. 중도는 자유도 아니고 평등도 아니다. 사안에 따라 자유 편에 설 수도, 평등 편에 설 수도 있는 게 중도다. 결국 중도란 '아무 가치 없음'이다.

새는 양 날개로 날지만, 방향은 머리로 정한다

자유와 평등이라는 가치가 공존할 수 있고 공존해야 한다는 유명한 수사(레토릭)가 '새는 좌우의 날개로 난다'라는 말이다. 평등이라는 왼쪽 날개(좌파)와 자유라는 오른쪽 날개(우파)를 겸비해야 사회가 잘 굴러간다는 뜻을 담고 있다.

이 말은 사실 과거 우파 권위주의 정부 때 좌파가 만든 말이다. 당시 좌파의 가치는 공식적으로 인정받기 힘들었다. 그런 환경에서 대중의

뇌리에 '좌익적 사고도 사회 발전에 필요하다'는 인식을 심어주기 위해 고안된 수사가 '새는 좌우의 날개로 난다'였다. 좌·우 가치가 공존해야 한다는 이 말이 거짓말이 아니려면, 우파 정권 때나 좌파 정권 때나 똑같이 말해야 한다. 그러나 현실은, 좌파 정권이 들어섰을 때는 양 날개를 인정하지 않고 '적폐 청산' 등의 이름으로 한 날개를 뽑아버리려는 시도가 어김없이 있어왔다.

사상은 날개가 아니라 머리에서 나온다. 새가 날개로 난다 해도, 날아가는 방향을 결정하는 것은 새의 머리다. 머리가 좌로 갈지 우로 갈지 정하고, 날개는 머리가 시키는 내로 움직일 뿐이다. 머리가 시키는 대로 잘 가기 위해 양 날개가 필요하다면, 그 양 날개는 '자유'와 '평등'이라는 이념의 날개가 아니라, 한 날개는 머리가 정한 방향을 구체적으로 실천하기 위한 '제도'이고, 다른 한 날개는 이 제도의 실현을 보장하는 '공권력'이라 해야 한다. 그런 의미에서만 '새는 양 날개로 난다'라는 말이 성립할 수 있다.

자유주의, 리버럴, 신자유주의

자유라는 가치를 체계적으로 정리한 사상이 '자유주의'다. 자유주의 사상은 근대 서구에서 만들어졌고, 자유주의 탄생 이후 서구의 역사에서는 자유주의가 국가 발전에 막대한 영향을 끼쳤다. 이 자유주의를 부정하는 사상 역시 근대 서구에서 나왔다. 대표적인 것이 '사회주의' 사상이다.

자유주의는 본래 'liberalism'이라고 했는데, 미국 좌파가 보수주의(conservatism)에 반대하는 자신들의 노선을 'liberal'이라고 하는 바람에 유럽과 미국에서 뜻이 달라져 버렸다. 그래서 요즘은 본래의 자유주의를 '고전적' 자유주의(classical liberalism)라고 부르거나 아예 'libertarianism'으로 쓴다. 미국 좌파가 'liberal'이라는 말을 찬탈해서 본래 뜻과 다르게 쓰는 것은 한국에서 좌파가 '진보적(progressive)'이라는 말을 본래 뜻과 다르게 멋대로 갖다쓰는 것과 똑같은 현상이다.

고전적 자유주의는 애덤 스미스의 사상을 뿌리로 하고, 20세기 이후 미제스(Ludwig von Mises), 하이에크(Friedrich Hayek), 프리드먼(Milton Friedman) 등의 자유주의 경제학자들이 맥을 잇고 있다. 따라서 자유주의를 좀 더 체계적으로 알려면 이들의 경제 사상을 공부해야 한다.

자유주의에 관한 용어로 한국에는 '신자유주의'라는 말도 있다. 그러나 이 말도 자유주의에 대해 적대적인 집단이 만든 용어다. 자유주의 사상은 '구(옛날)'와 '신(새로운)'을 구분할 필요가 없다. 현대의 자유주의가 고전적 자유주의와 다르지 않다. 자유주의 사상은 옛날에 뿌리를 두면서 시간이 지남에 따라 끊임없이 발전해왔고 지금도 그러고 있기 때문이다. 사회주의 사상은 '구'사회주의와 '신'사회주의로 나누어 부르지 않으면서 자유주의만 '신'자유주의라고 부르는 이유는 무엇일까?

사실인즉, 사회주의야말로 19세기에 처음 생긴 이래 조금도 변하지 않았으니 '구'사회주의와 '신'사회주의를 구분할 필요가 없다. 세월이 흘러도 옛 사상을 고수하는 '언제나 낡은' 사회주의와, 사회 변화에 맞춰 끊임없이 혁신·진화하는 '항상 새로운' 자유주의 사상. 우리는 새의 진행 방향을 결정하는 '머리' 역할을 어느 사상에 맡겨야 안심할 수 있을까?

자유방임과 개인주의

자유주의를 왜곡해 전달하는 번역어로 '자유방임(laissez faire)'이란 말도 있다. '방임'이라는 말에는 책임지지 않고 마음대로 하는 것, 즉 방종을 내버려둔다는 나쁜 어감이 따라다닌다. 'laissez faire'의 참뜻은, 경제 주체에게 최대한의 경제 자유를 주고 정부가 간섭하지 않는다는 것이다. 제대로 번역하면 '불간섭주의'가 원뜻에 더 가깝지만, 오랫동안 '자유방임주의'라는 번역어가 굳어버려 자유주의 사상을 가르치는 데 장애가 되고 있다.

자유주의 사상의 출발은 자유로운 개인이다. 즉, 자유주의는 곧 개인주의(individualism)다. 개인주의라는 말 역시 한국에서 아주 나쁜 사상으로 곡해되기 일쑤다. 한국에서 개인주의는 '이기주의'나 '방종'과 동의어처럼 쓰일 때가 많다. 단체 생활을 하면서 혼자만 규율을 어기고 돌출 행동을 한다든가, 다수결로 정한 방침이 마음에 들지 않는다고 혼자만 제멋대로 행동하는 것을 '개인주의적'이라고 할 때가 많다. 사상으로서 자유주의·자유방임·개인주의를 공부할 때는 이런 함정들에 빠지지 않도록 조심해야 한다.

대한민국이 자유를 최고 가치로 선포하며 건국한 지 70년도 더 지났다. 자유의 나라를 만들어놓고도 국민들이 자유 사상을 공유하지 못하고 있다. 국가의 외피는 자유주의라도 이를 지탱해줄 자유주의 사상이 뿌리내리지 못한 나라는 오래갈 수 없다. 자유를 부정하는 사회주의나 전체주의 같은 역풍이 불어오면 흔들리고 뿌리째 뽑힐 수 있기 때문이다. 늦었다고 한탄만 하는 것보다, 늦더라도 하는 것이 백 배 천 배 낫다. 지금부터라도 대한민국의 최고 가치인 '자유'와 '개인'을 공부하고

개인주의는 내가 너무 소중하기 때문에
그만큼 타인들도 하나하나 소중할수 밖에 없다.
영역
↔
영역
↔
영역
↔
영역
내가 존중받기 위해서는 남을 존중해야만 한다.
각자의 영역과 가치를 항상 인정해야한다.

가르치고, 연구하고 발전시키고 홍보해야 한다. 그래야 대한민국에 미래가 있다.

자유주의와 보수주의

보수주의는 서구에서 오랜 기간을 거치며 정립된 사상이다. 특히 유럽 나라들의 정치에서는 영국의 보수당처럼 기본 이념을 보수주의로 천명한 정당들이 많다.

보수주의 사상의 핵심 가치가 '개인'과 '자유'다. 그래서 보수주의는 자유주의와 상통한다. 보수주의와 자유주의의 아주 작은 차이를 흔히 '피해자 없는 위반'을 대하는 태도로 설명한다. 자유주의에서 개인은 자신이 행동하기 전보다 더 나은 상태로 간다는 확신이 있으면 행동한다. 즉, 모든 행동은 자신이 잘되기 위한 것이다. 자신이 잘되려고 한 행동이 규칙을 위반했는데 피해자가 없다면, 자유주의자는 그 행동을 하는 데 그다지 거리낌이 없다. 반면 보수주의에서 개인은 자기가 속한 사회에서 오랜 기간 검증되고 축적돼온 관습을 존중한다. 설령 피해자가 없다 하더라도 관습을 어기는 행동을 보수주의자는 꺼리는 경향이 있다.

보수주의의 뿌리는 깊다. 보수주의를 가장 포괄적으로 설명한 대표적인 사상가로 영국의 에드먼드 버크(Edmund Burke)를 꼽는다. 버크는 보수주의를 다음과 같이 설명하였다.

인간은 자의식을 가진 개인으로 존재한다. 이 개인이 나고, 살고, 죽어가는 과정이 거대한 생명의 길을 이루어 꾸역꾸역 흐른다. 삶을 위한, 삶을 향한, 삶에 의한 개인의 몸부림, 이것이야말로 가장 감동적인 드라마다.

보수주의의 기본 틀은 '살기 위한 인간의 행동'과 인간들 사이에 만들어진 자생적 질서를 소중하게 여기자는 것이다. 인간은 생존하기 위해 노력하며, 자식에게 남기기 위해 자신이 생존하는 데 필요한 이상의 것을 얻기 위해 노력한다. 이런 인간의 몸부림들이 사회 질서를 만들어냈고, 이러한 인간의 본성과 사회 질서를 소중하게 여기고 지키자는 것이 보수주의다. 결국 보수주의 사상의 핵심은, 인간이 오랜 기간 대를 이어 살아오면서 서서히 진화해온 '자생적 질서'를 지키자는 것이다.

자생적 질서는 변화하지 않는 질서라는 뜻이 아니다. 자생적 질서는 변화하되, 자생적으로 진화하면서 변화한다. 보수주의는 인간의 이성으로 이상적인 질서라며 인위적으로 만든 질서를 의심한다. 자생적 진화를 통한 변화를 존중하고, 혁명을 통한 급진적 변화를 거부하는 것이 보수주의 사상의 핵심이다.

역사적으로 인류는 자생적인 질서를 무시하고 인간의 이성으로 좀 더 나은 세상을 만들려고 시도한 적이 많다. 그러나 그런 과정에서 인류의 본성에 따른 자생적 질서가 파괴되면, 결국 다시 자생적 질서로 돌아오곤 했다. 인위적으로 고안한 사회주의 혁명으로 많은 인류가 가난과 고통을 겪고 기존의 체제로 돌아온 게 대표적인 예다. 기나긴 인류 역사는 잠깐의 흔들림을 겪더라도 결국은 자생적 질서로 돌아온 역사다. 이렇듯 인간의 본성에 충실하게 자생적으로 진화해온 질서를 지키자는 것이 보수주의의 핵심이다. 이런 관점에서 보면 모든 체제와 사상은 결국 보수주의로 갈 수밖에 없다. 이런 큰 틀에서 보면 보수주의와 자유주의는 별다른 차이가 없다.

다만, 자유주의는 개인의 행동에 더 중요한 가치를 둔다. 앞의 '피해자 없는 위반' 사례에서 보듯, 자유주의자는 사회적인 규범을 어기는 행동이라 해도 다른 사람에게 아무런 피해를 끼치지 않으면 그 행동을 제약하지 말아야 한다고 한다. 난치병 말기 환자의 '존엄사'를 보자. 곧 죽을 것이 거의 확실한 난치병 환자는 말기의 엄청난 고통으로 주위 사람들에게 피해를 주기도 하고 본인의 존엄성도 서서히 파괴되어 간다. 조금 남은 생명이 자연스럽게 소멸할 때까지 기다려야 하는가, 아니면 스스로 원할 경우에 한해 죽음을 선택할 수 있게 할 것인가? 아마 자유주의자라면 존엄사를 택할 것이고, 보수주의자라면 생명의 존엄성과 인격의 존엄성 사이에서 망설일 것이다.

'自由'의 유래

우리가 사용하는 자유 관련 용어들은 모두 서양에서 만들어졌고, 근대화를 거치면서 주로 일본에서 한자어로 번역됐다. 자유·개인·독립 등이 다 번역된 용어다. 이 말들이 소개되기 전에 동아시아에는 자유·개인·독립이라는 개념도 없었다. 한반도는 반만년 동안 왕만이 유일한 주인인 왕조 국가여서 개인 개념이 없었다. 백성은 개인의 집합이 아니라 집단으로만 존재했다. 개인이 없으니 자유나 독립이라는 개념도 없었다.

심지어 '민족'도 1900년 전후에 생긴 말이다. 사람들을 신분에 따라 엄격히 구분한 사회에서, 피통치자 전체를 가리키는 말은 백성이나 '신민(臣民)'으로 충분했고 따로 민족이란 개념이 필요 없었다. 걸핏하

'민족'에 관한 다섯가지 사실
1 우리에겐 애초에 '민족'이라는 개념이 없었다.
<단군=시조> 개념도 원래 없었다.
기자 조선
箕子
2 조선시대만 해도 우리의 조상으로 모셔진 사람은 중국에서 건너온 기자(箕子)였다.
3 조선은 강력한 신분계급 사회였기에 '우리모두 형제자매' 라는 의식이 있을수가 없다.
대감마님이나 저나 다같은 한민족 한핏줄 이구먼유
저놈을 매우 쳐라
4 민족(民族)이라는 한자어 자체가 1907년경 일본에서 들어온 것이다.
民族?
'민족'이 뭔가?
대한매일신보
황성 신문
민족지
5 일제 치하에서 차별을 느끼면서 '우리민족' 이라는 개념이 생겨났고 단군사상도 생겼다.
우리의 조상은 단군입니다!
그렇구만!

필자도 얼마 전에 안 사실들

면 '우리 민족'이라고 말하지만, 100여 년 전까지 조선 사람은 조선 사람이었지 '조선 민족'은 아니었다.

'자유'에 해당하는 영어는 본래 두 개가 있다. 'freedom'과 'liberty'다. 둘 다 자유라고 번역했지만 둘은 조금 다르다. 'freedom'은 천부적인 자유이고, 'liberty'는 정부로부터의 자유다. 천부적인 자유는 언제나 왕이나 정부로부터 침해받았다. 이 침해를 물리치고 쟁취하는 자유가 'liberty'다. 예를 들면 미국 동전에 새겨진 미국 독립의 이념은 왕으로부터의 자유인 'liberty'이고, 링컨 대통령 때 노예를 해방하면서 그들에게 돌려준 것은 'freedom'이다. 그러나 한자어 '자유'는 이 뉘앙스를 엄밀히 구분하지 않는다.

이처럼 근대 문명과 관련된 용어들은 100여 년 전에, 그것도 주로 일본에서 일차 '세탁'을 거쳐 한자어로 정착한 것이 많다. 그러므로 번역된 용어를 쓸 때는 이를테면 '스스로 자(自), 말미암을 유(由)'처럼 한자 낱자의 뜻에 얽매이지 말고 그 용어가 원래 어떤 맥락에서 쓰이던 것인지 생각하며 쓰는 것이 좋다.

제2부

인간 행동을 이해하자

정부는 무엇을 해야 하고 무엇을 하지 말아야 하는가? 정부의 역할에 대한 논쟁이 끊이지 않는 이유는 '무엇이 인간을 위한 정책인가?'에 대한 생각이 다르기 때문이다. 그래서 정권이나 정책 최고 책임자가 바뀔 때마다 정부 정책의 방향이 정반대로 바뀌기도 한다.

정부의 역할은 인간에 대한 올바른 이해에서 출발해야 한다. 인간의 본성과 행동에 대한 이해 없이 인간을 위한 체제·제도·정책은 나올 수 없다. 사회주의 체제가 망한 이유가 바로 인간의 본성과 행동을 구체적으로 이해하지 못하고 추상적·피상적으로만 이해했기 때문이다.

동아시아에서는 2,000년도 더 전부터 '성선(性善)이냐 성악(性惡)이냐' '성(性)이냐 심(心)이냐' '개에게 불성(佛性)이 있느냐 없느냐' 등 인간의 본성에 대한 논쟁을 해왔다. 그러나 인간 '행동'을 연구하는 경제학은 '본질'에 대한 질문을 괄호쳐놓는다. 직접 검증할 수 없는 본성 대신, 확인과 검증이 가능한 '행동'을 설명·예측·통제하려는 것이다.

경제학의 설명은 '인간은 왜 이런 행동을 하는가?'라는 질문에서부터 시작된다. 행동을 했다는 것은 선택했다는 것이다. 경제학은 인간이 매 순간 더 나은 상태로 가기 위해 '더 나은 선택'을 한다고 가정한다. 이 장에서는 경제학의 기본 원리로, 이익을 위해 개인은 어떤 선택을 하는지 살펴본다.

인간은 경제적 유인에 반응한다

인간의 선택은 행동으로 나타난다. 경제적 인간(homo economicus)은 언제나 자신에게 경제적으로 이로운 쪽으로 선택한다. 경제적 유인(誘因, 인센티브)이 매우 적을 때조차 어쨌든 조금이라도 이익이 되는 쪽을 선택하고 행동한다.

상속세가 사망률도 좌우한다

대형 마트에서 카트를 사용하며 꽂아두는 예치금 100원을 보자. 많은 사람이 쇼핑을 한 뒤 구입한 물건을 승용차에 옮겨싣고 나서, 카트 보관소까지 먼 거리를 되돌아온다. 카트를 그냥 방치해두고 가도 불법이 아닌데도 그렇다. 100원의 위력이다. 오늘 쇼핑한 총액(심지어 충동구매까지)에 비하면 보잘것없는 100원짜리 동전, 이 작은 경제적 유인에 반응하여 되돌아가기를 '선택'하는 것이다.

저녁 8시 50분쯤 되면 서울의 남산 1·3호터널 진입로에 차량이 길게 늘어서 있곤 한다. 혼잡 통행료 2,000원을 면제받기 위해 9시까지 기다리려는 차량들이다. 10분만 기다려서 2,000원을 아끼기 위해 집이나 목적지에 조금 늦게 가는 것을 감수하는 것이다. 물론 30분이라면 안 기다릴 사람이 더 많을 것이다. 10분의 가치가 2,000원보다 큰 사람도 기꺼이 통행료를 내고 터널을 통과할 것이다. 그러나 그렇지 않은 더 많은 사람들은 굳이 10분을 기다려 2,000원을 아낀다는 경제적 유인에 따라 '선택'을 한다.

경제적 유인이 사망률에까지 영향을 끼친 사례도 있다. 스웨덴은 최고 70퍼센트에 달하던 상속세를 2005년에 폐지하는 그야말로 파격적인 결정을 했다. 그런데 스웨덴 국내 일일 사망자 수가, 상속세 폐지를 하루이틀 앞둔 2004년 12월 30~31일에 급격히 감소했다가, 상속세 폐지가 시행되는 2005년 1월 1~2일에 급격히 늘었다. 상속세를 내지 않는다는 경제적 유인이 죽음마저 늦춘 것이다. 경제적 유인으로 자연사나 병사를 몇 주나 몇 달 늦출 수는 없겠지만, 하루이틀 정도는 의지로 버틸 수 있음을 보여줬다.

경제적 유인에 반응하는 개인의 선택을 어떤 이념이나 관습·도덕을 내세워 비난해서는 안 된다. 카트 예치금 100원을 돌려받으러 되돌아가고, 혼잡 통행료 2,000원을 아끼려고 10분을 기다리는 개인의 선택을 '쫀쫀하다'고 비난해선 안 된다. 경제적 유인에 따른 개인의 선택을 그 자체로 존중하는 것이 선택의 자유를 보장하는 것이며, 선택의 자유가 보장되는 사회가 자유 가치를 인정하는 사회다.

정책은 결과로 평가해야

인간 행동에 대한 이해 없이 정책을 만들면, 잘못된 정책으로 인한 고통은 고스란히 인간에게 돌아간다.

앞서 본 최저 임금 인상을 보자.

먼저, 인상된 최저 임금을 지불해야 하는 고용주는, 임금 지출을 줄여 이윤을 확보하기 위해 근로자 수를 줄이는 선택을 하게 된다. 임금(노동의 가격)이 높아지면 고용(노동 수요)이 줄어드는 것은 가장 기초적인 경제 원리인 '수요 공급의 법칙'으로 쉽게 설명된다. 즉, 최저

의도
결과
세상일엔 의도가 있고 결과가 있다.

의도
결과
의도와 결과는 일치하는 경우도 있지만

띵!
의도
결과
서로다른 정반대가 되는 경우도 많다.

임금이 급격히 인상되면 많은 근로자가 해고되고 신규 고용이 줄어들 것은 매우 자연스럽다. 그러나 우리 정부의 정책 입안자들은 최저 임금만 보고 "근로자들의 임금이 오른다"는 단세포적 예측만 하고, 고용이 줄어들어 많은 근로자들이 아예 임금을 받을 수 없다는 결과는 보지 못했거나, 알고도 외면했다. 주로 비숙련 노동자를 위한 '착한 마음'만 갖고 만들어진 정책이 결과적으로 최악의 정책이 된 것이다.

정책은 의도가 얼마나 선했나가 아니라, 의도와 관계없이 결과가 인간을 얼마나 이롭게 했나로 평가된다. 그래서 경제학자는 '따뜻한 가슴'뿐만 아니라 '냉철한 머리'까지 가져야 된다고 한다.

상품의 가치 평가는 사람마다 다르다

특정 재화(상품)에 사람들이 부여하는 주관적 가치는 사람마다 다르다. 그 상품이 그때 그 사람에게 주는 혜택, 즉 효용이 저마다 다르기 때문이다. 그래서 같은 상품이라도 사람마다 효용을 다르게 평가한다. 상품의 일반 가치는 가격으로 표시된다. 표시된 가격보다 상품의 효용을 높게 평가하는 사람은 그 상품을 구매할 것이고, 가격이 자신이 생각한 효용에 비해 높다고 느끼는 사람은 그 상품을 구매하지 않을 것이다. 즉, 어떤 상품을 구매하는 사람은 어떤 이유에서든 상품의 효용을 가격보다 높게 매기는 사람들이다. 상품을 구매한 사람은 효용보다 낮은 가격으로 그 상품을 구매함으로써 만족, 즉 혜택을 보았다. 따라서 상품 거래가 많이 일어났다는 것은 더 많은 사람이 주관적으로 혜택을 보았다는 뜻이다.

가격은 원가로 결정되지 않는다

상품의 가격은 객관적인 기준, 대표적으로 원가를 바탕으로 책정돼야 한다고 생각하는 사람이 많다. 그래서 상품 가격이 비싸면 원가를 공개하라며 기업을 압박하곤 한다. 아파트 가격이 비싸다는 여론이 있으면 아파트의 원가를 공개하라고 건설업체를 압박한다. 통신료, 스마트폰 값, 심지어 치킨이나 피자에 대해서도 원가 공개 요구가 심심찮게 일어난다. 이런 여론에 편승해 정부가 앞장서서 기업에 원가 공개를 요구하기도 한다.

이쪽은 필수품
이쪽은 사치품
세상엔 십만원 하는 시계도 있는거고
천만원 하는 시계도 있는거고
십만원 하는 백도 있는거고
천만원 하는 백도 있는거고
십만원 하는 구두도 있는거고
천만원 하는 구두도 있는건데

그러나 가격은 원가와 거의 관계가 없다. 만약 원가에 맞춰서만 상품 가격이 결정된다면, 유통업에 종사하는 사람이나 기업, 발명가나 예술가 들은 절대 성공할 수 없다. 판매하는 입장에서 거래의 성공이란, 원가보다 높은 가격으로 상품을 팔았을 때만 가능한 것이다. 흔히 '대박'이란 이윤을 많이 남기는 거래를 말하는데, 이것은 상품을 원가보다 높은 가격으로 많이 팔았을 때만 가능하다. 세계를 움직인 사람들 대부분은 원가보다 높은 상품 가격으로 상품을 많이 팔아 큰 이윤을 얻었다. 빌 게이츠와 스티브 잡스가 막대한 이윤을 창출할 수 있었던 것은 이들이 상품을 판매한 가격이 원가보다 높았기 때문이다.

구매하는 입장에서 거래의 성공은 가격보다 효용이 높은 것이라고 했다. 소비자는 마이크로소프트나 애플의 상품 가격이 자기가 판단하는 가치보다 낮았기 때문에 앞다투어 상품을 구매했다. 특히 애플사에서 내놓는 상품은 판매 개시 전부터 많은 구매자가 미리 구입 신청을 하고 판매 개시 전날 밤부터 많은 구매자가 길게 줄을 서서 기다리는 것으로 유명하다. 원가와 관계없이, 가격에 비해 가치를 높게 평가하기 때문이다.

피카소의 그림 가격이 수천억 원에 이르는 것은 그가 그림을 그릴 때 쓴 붓과 물감과 캔버스가 비싸서가 아니다. 재료 원가만 보면 화가들보다 조각가의 작품 값이 훨씬 더 비싸야 할 것이다. 기업의 상품도 마찬가지다. 스마트폰을 이루는 금속·유리·합성수지·반도체 등 재료의 원가는 기껏해야 몇만 원 할 것이다. 스마트폰을 만드는 데 든 노동 비용(임금)과 사무실·공장의 임대 및 유지 비용이 물론 포함되겠지만, 그래도 스마트폰 가격에 비하면 매우 낮다. 애플이나 삼성의 스마트폰 가격은 이들 생산 원가 위에 '혁신의 아이디어'가 가미되어 고가의 상품이 된 것이다. 이른바 '고부가가치' 상품이다.

인간은 현재를 기준으로 변화에 반응한다

다시 개인이 재화에 매기는 주관적 가치, 즉 효용을 보자. 물이 없으면 인간은 살 수 없지만, 다이아몬드는 생존과 무관하고, 다이아몬드쯤 없다고 생활이 불편하지도 않다. 즉, 인간이 살아가는 데는 다이아몬드보다 물이 훨씬 더 중요하다. 그러나 가격은 정반대다. 물을 그야말로 물 쓰듯 써도 좁쌀만 한 다이아몬드 값만큼도 안 나온다. 왜 그럴까?

인간은 상품의 가치를 상품의 객관적 중요성보다 주관적 '행복감', 즉 효용을 기준으로 판단한다. 현재를 기준으로 물 한 잔을 더 마셨을 때의 행복감과 다이아몬드 하나를 더 가졌을 때의 행복감을 비교하는 것이다. 정상적인 여건이라면 물이야 항상 마시는 것이고, 특별히 목마른데 마침 물이 없는 경우만 아니라면 물을 한 잔 더 마신다고 해서 행복감의 별다른 증가는 없을 것이다. 반면, 다이아몬드는 실용 면에서는 중요한 상품이 결코 아니지만, 그것 하나를 갖게 됨으로써 증가하는 행복감은 엄청날 것이다. 다이아몬드가 물보다 훨씬 비싼 것은 그 때문이다. 그 정반대도 가능하다. 주변에 오아시스도 없는 사막에서 갈증으로 고통받는 사람은 물 한 잔 얻어마시기 위해 몇억 원짜리 다이아몬드가 박힌 목걸이를 기꺼이 내놓을 것이다.

이런 행동을 하게 하는 사고가 '한계적 사고(marginal thinking)'다. 한계적 사고는 현재 행동함으로써 발생하는 추가 비용인 '한계 비용(marginal cost)'과 그로 인해 얻어지는 추가적 편익인 '한계 편익

(marginal benefit)'을 비교한다. 인간은 매 순간 한계적으로 사고하고, 그에 따라 행동한다. 그래서 아무리 사랑하는 연인이라도 시험 전날 데이트 신청은 거절하는 것이 자연스럽다. 당연히 시험보다 연인이 더 중요하지만, 시험 전날이라는 '현재'를 기준으로 보면 데이트를 함으로써 얻는 한계 편익에 비해 시험을 망친다는 한계 비용이 훨씬 크기 때문이다. 이때 정색을 하고 "내가 중요해, 시험이 중요해?"라며 토라지는 사람은 인간 행동을 이해하지 못한 결과 상대방을 배려하지 않는 것이다.

식사할 때를 보자. 특별히 다이어트에 신경 쓰는 상황이 아니라면, 식사 전에 먹을 양을 미리 엄격히 정하는 경우는 드물다. 대개는 첫 숟가락의 만족도가 가장 높다가, 먹으면 먹을수록 한 숟가락이 주는 추가적인 만족도는 떨어진다. 이것을 '한계 효용 체감의 법칙'이라고 한다. 마침내 한 숟가락의 만족도가 제로가 되는 순간이 식사를 멈추는 순간이다. 더 먹으면 만족은커녕 불편하기까지 한 순간이다. 물론 맛있어 보이는 디저트가 새로 나오면 선택이 달라질 수 있다. 배불러 불편한 것보다 새 디저트를 한 숟 떠먹음으로써 얻는 한계 편익이 크다면 기꺼이 한 숟 더 뜰 수 있다.

비행기 운임은 천차만별이다. 해외여행에 능숙한 사람들은 매일매일 비행기 운임을 확인하다가 가장 낮은 가격이 나올 때 항공권을 구매한다. 일반으로 항공권이 가장 쌀 때는 출발 날짜에 임박해서다. 일본이나 동남아행 항공기 운임이 10만 원도 안 될 때도 있다. 비행기 운행에 드는 총 비용을 좌석 수로 나눠보면 말도 안 되게 밑지는 장사다. 그러나 항공사의 계산은 다르다. 어차피 출발해야 할 비행기라면, 좌석을 비운 채 출발하느니 사람 하나 더 태워서 약간의 유류비와 기내식 비용을 충당하고도 남는다면 단돈 몇만 원에라도 승객을 더 태우는 것이 합리적이다.

저가 항공사 비행기의 출발 직전에는 정반대 현상이 벌어지기도 한다. 몇 달 전에 단돈 만 원으로 항공권 예약부터 해놓은 사람은 출발에 임박해 조그만 사정만 생겨도 '까짓 만 원쯤이야' 하며 예약을 취소하기 쉽다. 이렇게 남은 표는 업무 등으로 급히 비행기를 타야 하는 사람이 출발 시각 전부터 와서 대기하고 있다가 수십만 원씩 내고 산다. 남들은 만 원에도 사는 항공권이지만, 현재 나의 기준으로는 몇십만 원도 아깝지 않기 때문이다.

제3부

시장의 탄생

사람들은 혼자 살지 않고 모여서 산다. 왜 그럴까? 모여 사는 사회를 이루면 따로 살 때보다 더 많은 혜택을 얻을 수 있기 때문이다. 혼자 있을 때보다 협동하는 것이 서로에게 더 이익이 되기 때문에 자연스럽게 사회가 형성되는 것이다. 이렇게 형성된 인간 사회는 서로에게 이익이 되는 시장경제로 자연스럽게 발전해왔다.

앞 장에서 개인의 행동을 이해한 데 이어, 이 장에서는 사람과 사람 사이의 행동인 '분업'과, 나라와 나라 간의 행동인 '교역'의 원리를 이해해보자.

기회비용과 비교 우위

사람 재능의 종류와 수준은 천차만별이다. 거의 모든 분야에서 남보다 월등한 만능형 인간이 있는가 하면, 특정 분야에 유독 뛰어난 사람이 있고, 전반적으로 남보다 능력이 뒤떨어지는 사람도 있다.

네 사람이 있다. A는 육체노동과 서류 작업을 모두 잘한다. B는 육체노동을 잘하지만 서류 작업에 취약하고, C는 서류에 능숙하지만 육체노동은 젬병이다. D는 육체노동·서류 작업 다 시원치 않다. 이 네 명짜리 사회에서는 모든 것을 잘하는 A 한 사람이 모든 일을 책임지고 나머지는 놀아야 할까? D처럼 전반적으로 재능이 모자라는 사람은 사회의 무용지물일까? '업무 능력을 가지고 사람을 무가치하다고 하다니!' 하는 윤리적인 측면은 차치하고, 사람을 절대 평가하면 그런 결론에 도달하기 쉽다.

그러나 사회 구성원들인 개인의 가치를 판단할 때는 절대 평가가 아니라, 그 사회의 '지금, 현재'를 기준으로 상대 평가를 해야 한다. 사람의 재능은 저마다 다르지만, 모두에게 주어진 똑같은 조건이 있다. 바로, 누구에게나 하루는 24시간이고 업무 시간은 8시간이라는 조건이다. 주어진 시간 제약 속에서, 한 가지 일을 하는 동안은 나머지 일은 할 수 없다. 즉, 내가 X라는 일을 하느라 Y라는 일을 할 수 없다면, 나는 Y라는 일을 '기회비용(opportunity)'으로 치르는 것이다. 돈 만 원으로 영화를 보면 밥을 먹을 수 없고, 밥을 먹으면 영화를 볼 수 없는 것과 마찬가지다.

이렇게 기회비용, 즉 상대적인 관점으로 보면 모든 사람은 그때 그 상황에서 가장 긴요한 '상대적 재능'이 반드시 하나씩 있다. 대기업 회장이 기업 경영뿐 아니라 운전에도 능숙하다고 하자. 회장은 운전기사를 두는 대신 손수 운전을 하고 다녀야 할까? 회장이 손수 운전까지 하느라 포기해야 하는 경영 구상, 거래 상대방과 통화, 휴식, 주차할 자리를 찾는 수고 등등을 고려하면, 회장보다 운전을 조금 못하더라도 운전기사를 고용하는 편이 훨씬 이익이다.

이처럼 한 작업을 선택함으로써 다른 작업은 포기해야 하는 기회비용을 고려하면, 각자에게는 그 상황에서 가장 낮은 기회비용을 들여 수행할 수 있는 특화된 작업이 존재한다. 즉, 모든 인간은 절대적 재능의 많고 적음과 무관하게 자신에게 특화된 할 일이 있다. 이를 '비교 우위(comparative advantage)' 또는 '상대적 우위(relative advantage)'라고 한다.

기회비용과 비교 우위라는 관점에서 사람을 바라보면 세상에 무가치한 사람은 없다. 모든 인간은 사회라는 경제적 공동체 속에서 자기 역할을 다하는 소중한 존재다. 이 결론이 충격적이라면 당신은 이제까지 시장경제를 잘못 배운 것이다.

그렇게 흔한 사람들이 얽히고 얽혀
경제가 돌고 세상이 돌고 많은 사람들이 혜택을 누리고

흔한 사람들이 모인 나라가 흔치않은 나라도 되는거구나!!

분업과 교역

저마다 비교 우위를 발휘하여 경제 활동을 영위하는 곳이 시장이고, 국가 간의 교역이다.

인간이 살아가는 데 필요한 밥과 옷과 집, 그리고 집 짓고 농사짓는 데 필요한 삽을 보자. 개인이나 가정이 이 모든 상품을 각자 생산해 쓰며 산다면 어떻게든 살 수야 있겠지만, 최상의 품질은 기대하기 힘들다. 하지만 마을을 이루고 살면서 어느 집은 벼농사를 짓고, 어느 집은 옷을 만들고, 어느 집은 목수, 어느 집은 대장간으로 각기 역할을 특화하고 집중하면 혼자서 자급자족하는 것보다 더 좋은 상품을 더 많이 만들어낼 수 있다. 이것이 시장을 매개로 한 분업의 이익이다. 분업은 누군가가 좋은 제도라고 생각해 인위적으로 고안한 것이 아니라, 인류가 살아오며 서로에게 이익이 되는 것을 발견하고 자연스럽게 형성한 질서다.

교역은 국가 간 분업

국가 간 교역도 비교 우위로 설명된다. 선진국은 저개발국보다 거의 모든 면에서 뛰어나지만(절대 우위), 그렇다고 자급자족하지 않는다. 예컨대 선진국에서는 인공 지능·반도체 등 하이테크 산업에 특화하고 저개발국은 커피나 바나나 같은 농산물에 특화하여 서로 무역을 통해 교환한다면 선진국과 저개발국 모두에게 이익이 된다.

이 대목을 읽는 순간 책상 위에 놓인 물건들을 살펴보자. 노트북 컴퓨터, 휴대폰, 연필, 이 책을 만든 종이, 생수, 커피와 커피잔……. 이 모든 물건들과 이를 구성하는 재료는 방대한 분업과 전 세계적인 교역을 통해 만들어져 내 책상 위에까지 온 것이다.

가장 간단한 연필을 보자. 연필을 만들려면 핀란드의 울창한 숲에서 나무를 베야 한다. 연필심의 주요 재료인 흑연은 아마 중국에서, 지우개 재료인 고무는 베트남에서 생산했을 것이다. 흑연을 연필심으로 가공하고 고무 화합물을 지우개 모양으로 가공하는 공장은 어느 나라 공장인지 짐작도 할 수 없다. 아마 연필 회사 사장도 세세한 것까지 다 알지는 못할 것이다.

이 모든 과정이 분업과 교역을 통해 이루어진다. 분업과 교역을 통해 우리는 알지 못하는 사이에 세계 구석구석에 있는 사람들과 링크되어 있다. 이 모두가, 분업과 교역이 거기 참여하는 모든 사람에게 이익이 되기 때문에 가능하다. 그리고 좀 더 많은 이익을 얻기 위해 노력하는 가운데 상품은 다양해지고 분화하고 고급화되고, 만드는 과정도 따라서 더 복잡해지고 전문화되며 더 많은 사람의 참여, 즉 이익을 유도한다. 연필 한 자루도 이런데 자동차나 스마트폰 같은 복잡한 물건을 만드는 과정은 어떻겠는가? 원재료를 생산하고 일차 가공하고, 디자인하고 조립·포장·운반하고, 광고하고 판매하고……. 상상할 수 없을 정도로 복잡하고 전문화된 과정에 수많은 사람이 참여함으로써 상품 하나가 만들어진다. 그 재료와 부품, 생산지, 과정 모두를 온전히 아는 사람은 없지만, 확실히 말할 수 있는 것 하나는 분업과 교역은 참여한 사람들 모두에게 서로 이익이 되었다는 것이다.

약자 보호와 다수의 이익의 충돌

나라와 나라 간 교역은 자국이 비교 우위에 있는 상품에 특화해 수출하고, 비교 우위 없는 상품은 수입하는 것이 기본이다. 불리한 것은 수입하는 것이 더 싸고 이로운데도, 비싼 가격의 국산품을 생산하는 기업이 국내에는 존재한다. 당연히 가격 경쟁력이 떨어져 국제 교역에서 불리할 수밖에 없다. 다수 소비자가 저렴한 수입 상품을 구매하므로 이런 국내 기업은 손해를 보게 된다. 국민 경제 전체의 안목에서 이런 경쟁력 없는 기업은 장기적으로 다른 업종으로 전환하도록 유도하는 것이 그 기업에 다니는 국민에게도, 나머지 국민에게도 유리하다.

그러나 우리는 수입을 통해 대다수 국민이 얻는 경제적 혜택보다, 경쟁력 저하로 피해 보는 국내 기업과 근로자를 걱정하며 이를 심각한 사회적 문제로 확대 해석하려는 경향이 있다. 대표적인 업종이 농업이다. 정부는 농업 종사자를 '경제적 약자'로 규정하고, 소수의 농업 종사자들을 보호하기 위해 수입 제한 등으로 대다수 국민의 이익을 억누르거나, 정부 재원으로 농산물을 비싼 값에 사서 싼 값에 시장에 내놓기도 한다. 정부 재원은 100퍼센트 국민의 세금에서 나온 것이니, 수입 제한이나 고가 수매 정책은 약자 보호를 이유로 국민 대다수의 이익을 억누르는 것이 된다.

대외 의존은 상호 윈윈이다

경제 규모가 작은 우리나라는 지난 몇십 년 동안 무역을 통해 가파른 압축 성장을 할 수 있었다. 무역을 많이 한다는 것을 다른 말로 경제의 '대외 의존도'가 높다고 한다. 정확히는 대외 '경제' 의존도다. 그런데

'의존'이라는 말이 마치 우리의 주권 일부를 다른 나라가 좌지우지할 수 있다는 인상을 주어, 대외 의존도 역시 곡해되고 있다.

우리나라는 특화할 것이 그리 많지 않은 나라다. 때문에 잘할 수 있는 그 소수 분야에 특화하고 나머지는 외국과의 교역을 통해 거래를 하는 것이 경제 성장에 유리하다. 즉, 대외 경제 의존도가 높을 수밖에 없는 환경이다. 이런 경제 논리를 모르지 않을 정치 세력들은 '의존'이라는 말을 트집 잡아 이것이 마치 심각한 문제인 양 선동하기도 한다.

그러나 경제의 대외 의존이란, 나라들이 서로 이익을 얻기 위해 자연스럽게 이루어진 국제 경제 질서다. 대외 의존도가 낮은 자립 경제는 결코 이롭지도, 올바르지도 않다. 자립 경제만이 정의롭다면 무역으로 먹고사는 싱가포르·네덜란드·벨기에 같은 나라들에서는 "이게 나라냐?" 같은 비명이 터져나와야 할 텐데, 오히려 우리나라 사람들도 저 나라들을 경제 선진국이라며 동경한다.

자립 경제란 외국과 교역을 최소화하고 자국에서 필요한 모든 것을 자국에서 생산하는 경제다. 이는 마치 분업 없이 가정에서 모든 상품을 만들어 쓰는 자급자족과 같아서, 경제 자립을 택하는 나라는 빈곤하고 삶의 질이 낮을 수밖에 없다. '자립갱생'을 내세우는 북한이 영원히 가난할 수밖에 없는 것은 이 때문이다. 대외 의존도가 낮기 때문에 스스로 생산할 수 있는 물품이 부족할 수밖에 없는 것이다. 영토가 넓고 자원의 종류가 풍부한 대국이라면 경제 자립도가 높을 수 있다. 그러나 최대 경제 대국인 미국 사람들도 한국산 가전제품을 쓰고 일본산 자동차를 타고 중국산 옷을 입고 다닌다. 경제 자립보다 대외 무역이 더 많은 이익을 주기 때문이다. 그러나 경제 규모가 작은 나라는 자립이라는 이름으로 대외 의존도를 낮추면 빈곤을 면할 수 없다.

19세기 조선을 보자. 조선은 외국과의 교역을 철저히 차단한 고립 국가였다. 해외로 나가는 것 자체를 금지했으니 교역은 꿈도 꿀 수 없었다. 금속 활자를 발명하고 한글을 창제한 나라임에도 민간 서점이 존재하지 않았다. 말 그대로 닫힌 사회, 꽉 막힌 사회였다. 다른 국가와의 교류도 이루어지지 않았다. 경제 자립을 원해서가 아니라 자립할 수밖에 없는 나라였지만, 동시에 세계에서 가장 못사는 나라가 조선이었다.

경제 규모를 키우려면 외부와의 교류를 통해 나의 약점과 남의 장점을 알고, 나의 약점을 남의 장점으로 대체해야 한다. 자력갱생을 내세우는 나라는 망국의 길로 갈 수밖에 없다. 조선이 멸망한 이유를 흔히 일본의 침략에서 찾곤 하는데, 일본이 침략하지 않았다면 러시아가 침략해서라도 조선은 망했을 것이다. 왜? 자립 경제로 발전의 가능성이 제로였기 때문이다. 조선의 멸망은 대외 의존도가 높아서가 아니라, 대외 의존이라는 것이 아예 없었기 때문에 일어난 결과다.

한 나라의 수입은 다른 나라의 수출로 동전의 양면이니, 경제에서 대외 의존은 더 정확하게는 상호 의존이다. 상호 의존인 경제의 대외 의존은 주권의 대외 의존과 아무런 상관이 없다. 아니, 거꾸로 가는 수가 오히려 많다. 대외 경제 의존도가 높을수록, 즉 다른 나라와 상호 협력할수록 발전에 유리하고, 주권을 지키기에도 유리하다.

제4부

시장경제 대 사회주의

인간 본성은 이기적이고 탐욕적인 것처럼 보인다. 이기적이고 탐욕적인 인간이 모여 사회를 이루고 살면 그 사회는 지옥이 되지 않을까? 각자가 자기 이익만을 위해 서로 속이고 탈취하는 짐승 같은 야만의 사회가 되지는 않을까? 그렇지 않다. 이기적인 인간들이 모여 사는 이 세상에는 평화로운 질서가 존재한다. 우리는 이것을 시장경제 체제라고 부른다.

한때 시장경제를 비판하고 시장경제와 경쟁·대치하던 체제가 사회주의 체제다. 그러나 유토피아를 꿈꾼 사회주의 체제는 100년을 못 버티고 20세기가 다 가기 전에 무너졌다. 무기가 없어서가 아니었다. 스스로 지탱할 힘이 없어서 무너졌다.

체제는 질서다. 경제 체제는 경제 질서다. 인간이 모여서 사회를 만들고 나면, 그 사회가 나아갈 방향으로서 시장경제든 사회주의든 하나의 체제를 반드시 선택해야만 한다.이 장에서는 경제 질서로서 시장경제 체제와 사회주의 체제를 비교해 본다.

시장경제: 자생적 질서

인간이 모여 사는 사회에는 저절로 질서가 생겨나기도 하지만, 인위적으로 질서를 만들어내기도 한다. 인위적인 질서의 간단한 예로 신호등이 있다. 우리는 초록불에 가고, 빨간불에 선다. 이것은 만들어진 질서다. 신호등과 마찬가지로 우리가 사회생활에서 경험하는 대부분의 질서는 누군가에 의해 만들어진 질서다. 그중에서 정부가 만든 질서가 가장 많다.

그러나 인위적으로 정하지 않은, 자생적인 질서도 있다. 대표적인 게 언어다. 한국어를 적는 한글은 세종대왕이 만들었지만, 한국말은 만든 사람이 따로 없다. 그런데도 놀랄 만큼 질서 있게 작동한다. 한국인이라면 누구나 한국말로 아무런 문제 없이 소통할 수 있다.

도시라는 주거 질서도 마찬가지다. 분당이나 일산 같은 계획도시는 최근에 생겨난 개념이고, 대부분의 도시는 디자인한 사람이 따로 없이 저절로 생겨났다. 사람들이 한곳으로 모인 결과 발생한 질서가 도시다.

사람들이 한곳에 모인 이유는 서로에게 이익이 되기 때문이다. 물건을 판매하는 사람은 여기저기 먼 거리를 옮겨다니지 않고 한곳에 정착해서 팔 수 있으니 도시 생활에서 이익을 본다. 일자리를 찾는 사람이 도시에 오면 선택할 수 있는 일자리가 많아지니 좋다. 이익이 되지 않는다면 사람들이 일부러 모일 일이 없었을 것이다. 도시는 이렇게 아무도 계획하지 않았지만 서로의 이익을 위해 자연스럽게 사람들이 모이면서 탄생했다.

시장도 마찬가지다. 사람들은 경제 활동을 하며 살아간다. 수많은 사람이 각자 필요한 상품을 구매하고, 생산자들은 사람들에게 팔기 위해 상품을 개발한다. 사는 사람이 있기에 파는 사람도 있다. 파는 사람은 소비자의 마음을 잡기 위해 경쟁을 해야 한다. 경쟁에서 크게 이기면 대박이 나고, 지면 쪽박을 찬다. 이 모두가 시장에서 자연발생적으로 이루어진다. 시장도 자생적인 질서다.

앞서 '분업과 교역'에서 보았듯이 인간은 모든 것을 스스로 만들어 자급자족하지 않는다. 자기가 잘하는 한 가지를 업으로 삼고, 필요한 물건은 다른 사람으로부터 구매해 사용한다. 아주 옛날의 판매·구매 형태는 물물 교환이었다. 농사지은 사람이 소비하고 남은 쌀과, 강가에 사는 사람이 소비하고 남은 생선을 교환해 서로 이익을 보는 것이 물물 교환이다. 물물 교환은 누군가 계획한 것이 아니라 자연스럽게 생겨난 경제 질서다.

근현대로 오면서 물건을 교환하는 방법이 크게 달라졌다. 사람이 필요로 하는 재화와 서비스를 더 많이, 더 빨리 만들어낼 수 있도록 기업이 생겼고, 가치를 표시하고 저장할 수 있는 화폐가 생겼다. 최근에는 화폐조차 실제 돈보다 신용이라는 무형의 형태로 존재하기도 하고, 가상 화폐가 탄생하기까지 했다. 그러나 상품을 만들어 팔고, 구매해 소비하는 기본 구조는 먼 옛날이나 지금이나 동일하게, 사는 사람과 파는 사람 모두 거래를 통해 이익을 보는 구조다. 즉, 지금의 고도의 시장은 인류 역사의 새벽부터 존재해온 '자생적 질서(spontaneous order)'의 연장선상에 있다.

이런 자생적 거래가 일어나는 곳이 시장이다. 시장(market)은 동대

문시장이나 남대문시장 같은 물리적 장소, 즉 장터(marketplace)가 아니다. 사고파는 행위가 일어나는 추상적 공간이 시장이다. 그래서 시장 대신 '거래'라고 해도 좋다. 시장경제는 거래의 경제다. 시장 거래는 자생적인 질서 안에서 참여자들 모두가 이득을 보는 질서다. 이렇게 이익을 위해 자생적으로 거래가 이루어지는 체제가 '시장경제 체제'다. 때로 이기적이고 탐욕적인 인간들이 모여 만든 자생적 질서인 시장경제 체제는 지옥이 아니다. 서로 이익을 위해 질서를 지키는 세상이다.

거래 질서는 경제적인 인간의 본성에 충실하게 만들어졌다. 사회가 발전하면서 시장경제의 질서도 서서히 변화해간다. 그때그때 환경에 맞게 질서의 형태도 변하는 것이다. 물물 교환을 효율적으로 하기 위해 5일장이 생겼고, 사회가 복잡해지니까 화폐 경제가 생겼고, 세계가 온라인으로 연결되니까 온라인 거래와 가상 화폐가 생기는 식이다. 온라인 거래도 장소만 온라인이라는 가상 공간일 뿐, 사는 사람과 파는 사람이 자연스럽게 만난다는 본질에는 변화가 없다. 인간 본성이 만든 이 자생적 질서는 어떤 이념이나 도덕·종교로도 막을 수 없다. 자생적 질서를 도덕이나 정치의 잣대로 비판하고 변경하려 하면 자생적 질서 특유의 자연스러움, 자발성이 파괴된다. 인간 본성이 만든 질서를 파괴하는 것은 인간 본성을 부인하는 것이다. 인간 본성에 등을 돌리고서 더 좋은 세상을 만드는 일이 가능할까?

사회주의: 만들어진 질서

자생적 질서인 거래 경제·시장경제의 대척점에 있는 체제가 인위적 체제인 사회주의다. 사회주의는 소수의 정치 엘리트가 이상적인 세상을 꿈꾸며 고안한 경제 체제다. 이들이 사회주의를 고안한 이유는, 자생적 질서로 생겨난 시장경제 체제가 '격차'를 낳기 때문이다. 세상을 부자와 가난한 사람으로 나눈다며 분노한 결과다.

그러나 차이는 자연스러운 것이다. 사람마다 생긴 모습이 다 다르듯이 경제 능력도 천차만별이다. 개인 간 경제 능력 차이가 불러온 부의 차이가 소득 격차다. 격차라는 말의 부정적인 뉘앙스 때문에 격차를 심각한 문제라고 인식하면 격차의 원인인 시장경제 체제를 부정하게 되고, 이 체제를 대신할 새로운 경제 체제를 만들고자 하는 의욕이 생긴다. 그것이 바로 사회주의다. 사회주의의 사상적 기초는 마르크스가 만들었고, 이후 레닌 등 정치인들에 의해 지난 20세기 지구상의 절반을 휩쓸었다.

인위적인 체제인 사회주의 체제는 반드시 이를 계획하고 조정하는 역할을 맡을 사람이나 기구를 필요로 한다. 그것이 '천사같이 착한 마음씨만으로 똘똘 뭉친' 중앙 정부, 정확히는 '당'이다. 공산당은 생산과 분배를 계획하고 조정하는 역할을 도맡아 모든 사람이 평등한 사회를 만들기 위해 애쓰는 '고마운' 존재다.

강남 스탈린
날씨가 참 맑스?
채고조넘
흐스스
으아아…이나라에서 자꾸만
사회주의의 망령들이 보여…

시장경제의 승리

지난 20세기, 사회주의 체제는 시장경제 체제와 치열한 경쟁을 벌였다. 두 체제의 목표는 국민이 잘사는 국가로 같았지만, 그 목표에 도달하는 길이 확연히 달랐다. 시장경제는 자생적으로 발전하고 진화한 경제 체제인 반면, 사회주의는 인간이 가진 이성의 힘을 통해 이상적인 나라를 건설해보자는 마음에서 인위적으로 계획된 경제 체제였다. 사회주의자들이 생각한 이상적인 사회는 격차가 존재하지 않는 평등의 세상이었다.

두 체제 간의 경쟁은 100년을 가지 못했다. 옛 소련과 동독을 시작으로 사회주의가 스스로 붕괴해버린 것이다. 시장경제 체제가 사회주의 체제를 위협하거나 망하게 하지 않았다. 기초 공사가 안 된 건물이 지진이나 바람 같은 외부 충격이 없어도 저절로 붕괴되는 것처럼, 사회주의 체제는 자생력이 없어 제풀에 붕괴했다. 체제 경쟁에서 사회주의는 시장경제에 완패했다.

왜 그렇게 됐을까? 시장경제는 인간의 본성에 충실하게, 자생적으로 만들어진 체제다. 반면, 사회주의는 인간의 본성을 거스르면서 인위적으로 디자인한 이상적인 체제다. 이익을 추구하는 인간 본성을 무시한 채, 인간이 정치적으로 평등하듯 경제적으로도 균등한 이상 사회를 꿈꾼 것이다. 그런 사회를 만들기 위해 사회주의자들은 인간의 본성 하나를 무시했다. '내 것'에 대한 인간의 애착, 즉 사익 추구를 외면한 것이다. 사회주의는 사익 추구를 이기적인 것으로, 악으로 규정하고 억제하려 했다. 그래서 개인의 소유권, 즉 사유 재산을 인정하지 않았다.

사유 재산을 없애면 '내 것'이라는 개념이 사라진다. 개인의 소유권을 인정하지 않는 것은 경제 자유를 인정하지 않는 것이다. 평등이라는 이름으로 자유를 침해하는 정부의 폭력이다. 문제는, '내 것'이 없으면 사람은 열심히 일하려 하지 않는다는 것이다. 사회주의는 열심히 일해서 내 것을 만들려는 인간의 본성을 억제한 결과, 이익을 위해 열심히 일하는 인간 본성의 작동을 중지시켰다. 국민 개개인의 재산과 소득을 모두 합한 것이 국부인데, 개인이 열심히 일하지 않으니 사회주의 체제는 국부라는 물질적 기반이 무너졌다. 모두 다 가난하니 평등은 이뤄졌을지 모르나, 지속 가능성이 사라져버린 것이다.

20세기 체제 경쟁의 시대에, 사회주의 체제 아래 있는 나라의 국민들은 절대 빈곤으로 고통을 겪어야 했다. 평등한 세상을 만들어보겠다는 선한 동기가 국민의 고통이라는 잔혹한 결과를 낳은 것이다. 계획된 질서는 자생적 질서를 이기지 못한다. 인간 본성에 어긋나는 새로운 세상을 이성의 힘으로 만들 수 있다는 사회주의자들의 신념은 스스로를 망치는 '치명적 자만(fatal conceit)'이 됐다.

시장경제는 봉사 경제

대한민국이 채택한 시장경제 체제를 '자본주의' 경제 체제라고도 한다. 자본주의(capitalism)는 상품을 생산하는 데 투입되는 '노동'과 '자본' 중 자본(capital)에서 나온 말이다. 그러니까 자본주의는 자본 위주로 작동하는 경제 질서다.

자본주의라는 용어도 '자본이 노동을 억압한다' '자본의 착취'라는 부정적인 의미로 악의적으로 사용되고 있다. 그래서 요즘은 자본주의 대신 시장경제라는 말을 선호하는 추세다. 시장경제가 자본주의이고 자유경제다.

'시장'경제는 경제 '자유'를 경제 체제 이름으로 바꿔 말한 것이다. '시장'에서는 공급자(생산자)와 수요자(소비자)가 '자유'롭게 물건을 사고판다. 공급자는 때로 큰 이익을 위해 위험(리스크)을 감수하면서 시장을 예측하고 상품을 생산·판매하고, 수요자는 때로 가계의 위험을 감수하면서 소득 수준에 맞지 않는 선택을 할 자유까지 영위하며 소비한다. 경제 자유가 있으므로 자기 책임 하에서 무리한 거래까지 할 수 있는 것이다.

시장에서 소비자들이 상품을 선택해주지 않으면 공급자는 생존할 수 없다. 소비자의 선택을 받기 위해 소비자를 만족시키는 공급자의 행위를 '봉사'라고 하자. 수요자에게 봉사하는 공급자만이 살아남는 경제 체제, 이것이 시장경제다. 시장경제는 '봉사 경제'라고도 할 수 있다.

인류를 이롭게 한 시장경제

현생 인류인 호모 사피엔스가 지구에 출현한 것은 약 30만 년 전이다. 현생 인류의 역사는 인류가 사회를 이루고 산 역사다. 규모와 형태는 제각각이지만 인류는 언제나 사회를 이루고, 경제 체제를 만들어 재화를 분배하며 살아왔다.

인류가 자생적으로 개발한 경제 체제는 크게 네 가지로 구분할 수 있다.

첫 번째는 힘에 의한 체제다. 힘센 개인이나 집단이 모든 자원을 독식하는 경제 체제다. 이런 상태를 '만인에 대한 만인의 투쟁'이라고 한다. 이런 세상에서는 약한 자는 아무리 열심히 일해봤자 힘센 자에게 다 빼앗기므로 자발적으로 열심히 일해서 부를 축적할 이유가 없다. 오늘은 오늘 필요한 것만 생산하고, 내일을 위해 미리 생산하지 않는다.

힘에 의한 체제에서는 개인들이 생산할 여력을 한껏 활용하지 않으므로 그 사회의 잠재적 역량보다 적은 생산을 하게 된다. 만약 오늘 쓰고 남은 것, 즉 '잉여 생산물'을 개인의 재산으로 보호해준다면 사람들은 더 열심히 일하고, 그 사회는 더 발전할 것이다. 그래서 재산권을 보호해주기 위해 생긴 것이 정부다. 정부가 개인의 재산권을 보호해주는 대신, 개인들은 생산량의 일정 부분을 세금으로 내는 호혜적 관계가 정치다. 정부는 개인의 재산권 보호를 위해 힘이라는 야만을 길들인, 자생적으로 만들어진 질서다.

두 번째는 관습에 의한 체제다. 전통 사회에서는 신분이라는 관습에 따라 자원이 배분되었다. 귀족이나 양반 신분에 속하는 사람은 개인의 능력이나 노력과 상관없이 귀족·양반으로 태어났다는 이유만으로 부가 보장되었다. 반면, 천민으로 태어나면 개인의 능력이나 노력과 상관없이 평생을 가난하게 살아야 했다. 개인의 능력이나 노력 대신 물려받는 신분에 따라 개인이 한평생 분배받을 몫이 미리 결정되는 체제다.

세 번째는 사회주의다. 사회주의는 인위적으로 고안된 경제 체제라고 했다. 사회주의는 모든 개인에 대한 완벽한 정보를 가진, 그러면서 사심 없는 선량한 존재가 있다는 가정에서 출발한다. 이 전지전능하고 선한 존재가 정부다. 정부가 개인별로 무엇을 잘하고 무엇을 원하는지에 맞추어 사회 전체라는 커다란 공장이 제대로 돌아가도록 개인의 역할과 분배받을 몫을 결정해준다. 가장 합리적인 체제 같지만, 얼른 보아도 전제가 틀렸다는 것을 알 수 있다. 전지전능하면서 선한 정부란 없다.

마지막이 시장경제다. 수요가 있으면 공급이 있기 마련이며, 수요자와 공급자는 서로 이득을 본다는 공통의 이해관계가 있으므로 자연스럽게 거래가 일어나는 체제다. 이러한 자생적인 거래, 즉 시장을 통해 재화의 생산과 분배가 이뤄진다.

수십만 년 동안 인류가 개발해온 이 네 가지 경제 체제 중 인류를 가장 이롭게 하는 것은 시장경제 체제다. 시장경제의 이익을 알게 된 인류는 이제 와서 다시 힘이나 관습에 의한 경제 체제로 돌아갈 수 없다. 사회주의 체제가 시장경제를 대신할 수 있다고 생각한 적이 잠깐 있었지만, 그것은 환상이라는 것이 역사를 통해 입증되었다.

인류에게 경제적 풍요를 가져다준 유일한 체제가 시장경제다. 그러나 시장경제도 완벽한 체제는 아니다. 인간은 불완전하기 때문에, 그 불완전한 인간이 자생적으로 가꿔온 체제 역시 불완전할 수밖에 없다. 그 불완전함을 인정하는 것이야말로 시장경제의 가장 큰 강점인지도 모른다. 불완전함을 솔직히 인정하기 때문에 사회 변화에 발맞추어 체제를 보완·발전·진화시킬 수 있기 때문이다.

두둥
일찌감치
팔자에도 없던
자유 시장경제
체제를 선택해
눈이부신
번영을 이룬
어떤 나라는

규제
개입
평등
공동체
반값식당
무상주택
미친
주섬 주섬
무상급식
!!?
이제와서 넝마를 메고 과거 실패한 사회주의
쓰레기통을 뒤지고 있으니 이게 무슨 일인가 !!

시장경제 체제를 대체할 더 나은 경제 체제는 아직껏 존재한 적이 없고, 조심스럽게 예측하건대 앞으로도 없을 것이다. 시장경제 체제는 인류 사회에서 제대로 작동할 수 있는 유일한 경제 체제다. 인류는 앞으로도 시장경제 체제와 함께 살아갈 것이며, 인류가 존속하는 한 시장경제도 끊임없이 사회 변화에 맞추어 진화하며 인류와 운명을 같이할 것이다.

시장경제는 기업 경제

먼 옛날의 시장은 물물 교환을 위주로 돌아가는 곳이었다. 시장경제가 급속도로 발전하기 시작한 것은 18세기 이후의 일이다. 그 중심에 기업이 있었다. 기업은 대량 생산과 공급이 가능할 뿐 아니라 대량 수요를 창출하기까지 하는, 시장경제의 핵심 원동력이다.

흔히 기업을 생산자·공급자로만 생각하기 쉽지만, 사실 기업은 소비자의 수요를 창출하는 역할도 한다. 기업은 상품 공급을 통해 이윤을 얻는 공급자이지만, 상품 생산을 위해 근로자를 고용해 임금을 주고, 협력 및 유통 업체에 비용을 지불함으로써 수요를 창출한다. 오늘날 국민의 대다수는 기업이나 공공 부문에서 임금을 받아 경제 활동을 하는 근로자다. 따라서 기업이 발전하면 그만큼 수요와 공급이 왕성하게 일어나고, 이것이 자연스럽게 경제 발전으로 이어진다. 그래서 오늘날의 시장경제 체제를 '기업 경제 체제'라고도 한다.

제5부

시장은 경쟁이다

물건을 사려는 '수요자'가 있으면 반드시 파는 '공급자'가 존재한다. 수요자와 공급자 사이에 자생적으로 가격이 책정되고 거래가 일어난다. 이러한 자생적인 거래가 일어나는 현상이 시장경제다. 기업이 탄생하면서 거래는 폭발적으로 늘어나고 시장경제는 더욱 발전하게 됐다.

시장에서 공급자와 수요자 모두 최대의 만족을 얻으려 한다. 수요자는 더 낮은 가격으로 더 많은 상품을 소비하려고 하고, 기업은 더 높은 이윤을 얻으려고 치열하게 경쟁한다. 이러한 자연스러운 시장 원리를 곡해할 수 있는 것이 이윤·경쟁·독점 같은 현상에 대한 부정적인 시각이다.

이 장에서는 시장경제 발전의 원동력인 이윤과 경쟁, 그리고 경쟁의 승자가 일시적으로 누리는 독점이라는 현상에 대해 알아본다.

가격은 시장에서 결정된다

시장은 거래가 이뤄지는 곳이다. 시장에서 사는 사람, 즉 수요자는 가능하면 낮은 가격에 상품을 사려고 한다. 파는 사람인 공급자는 가능하면 높은 가격에 상품을 팔고 싶어한다. 수요자는 상품 가격이 낮아지면 더 많이 사고, 가격이 높아지면 더 적게 사려는 습성이 있다. 반면, 공급자는 상품 가격이 높아지면 더 많이 팔려 하고, 가격이 낮아지면 더 적게 공급하려 한다. 수요자와 공급자는 각자 최대의 만족을 얻기 위해 정반대로 행동하는 것처럼 보인다. 이는 물이 높은 곳에서 낮은 곳으로 흐르는 것처럼 자연스러운 현상이다. 얼핏 정반대처럼 보이는 수요자와 공급자의 이해관계가 맞아떨어지는 시점에서 '시장 가격'이 형성되며 비로소 거래가 성립한다.

'착한 가격'은 없다

모든 상품에는 '가치'가 있다. 시장 가격은 상품의 가치를 구체적으로 나타낸 수치다. 앞에서 보았듯 상품의 절대적 가치는 불변이지만, 시장 가격은 수시로 변한다. 시장 가격은 상품의 절대적 가치가 아니라 '시장의 수요와 공급'이라는 변수에 따라 결정되는데, 수요와 공급은 항상 변하기 때문이다. 일반으로, 수요가 공급보다 많으면 상품의 시장 가격은 올라가고, 공급이 수요보다 많으면 시장 가격은 내려간다. 이익과 만족을 원하는 수요자의 욕구는 수시로 변화하기 때문에, 공급자는 이런 변화를 꾸준히 관찰하며 그에 대응하여 수요자의 선택을 받기 위해 노력한다. 그래서 시장 가격은 수시로 변한다.

시장 가격이 갑자기 급등하는 것은 공급보다 수요가 갑자기 많아졌다는 뜻이다. 시장 가격은 옳고 그름의 문제가 아니라 그냥 '현상'이다. 열이 나면 독감을 의심하듯이, 시장 가격이 오르고 내리는 것은 현재 시장이 수요 초과다, 공급 초과다를 알려주는 지표에 불과하다. 이러한 시장 가격을 두고 '착한 가격'이니 '따뜻한 가격'이니 하며 도덕적 가치를 매기는 것은 어리석거나, 불순한 의도가 의심스러운 짓이다.

특정 상품의 시장 가격이 갑자기 오르는 현상은 사회 문제일 수 있다. 그렇다고 해서 시장 가격을 직접 조작하려고 해서는 안 된다. 이것은 독감 바이러스를 잡을 생각을 하지 않고 열이 난다고 해열제만 처방하는 '대증 요법'과 같다. 시장 가격이 비정상적으로 급등하면, 변화한 가격 자체를 적으로 생각하여 대증 요법 처방을 할 게 아니라, 가격을 급등시킨 시장 상황을 찾아내고 그 상황이 바람직하지 않으면 그 상황을 개선할 처방을 찾는 것이 정도다. 시장 가격이 급등했다면 수요가 공급을 웃돈다는 뜻이니, 공급을 늘려주면 된다. 거꾸로 가격이 급락했다면 공급이 남아돈다는 뜻이니, 공급량을 줄이거나 수요를 진작할 대책을 세우면 된다. 가격은 착하거나 악하지 않고, 따뜻하거나 냉혹할 수도 없다.

시장 친화 정책이 착한 정책

그럼에도 정부는 시장 가격의 변화 자체를 악으로 보고 걸핏하면 이를 규제하려 한다. 이는 시장의 원리와 가격의 본질을 외면하는 처사다.

다시 최저 임금 제도를 예로 들어보자. 규제를 일삼는 정부는 노동

시장을 '악한 강자'와 '선한 약자'로 구분해서 생각하는 경향이 있다. 그래서 자연스럽게 발생한 노동의 시장 가격(=임금 수준)이 낮으면 이를 악으로 간주하고, 경제적 약자를 위해 인위적으로 노동 가격, 즉 임금을 높이려고 한다. 정부가 강제적으로 일정 금액을 최저 임금으로 설정하고, 이보다 낮은 임금을 지불하는 고용주를 형사 처벌하는 것이다.

시장 원리를 무시하고 자연스러운 시장 가격보다 높은 '규제 가격'을 강제하면 어떻게 될까? 살아 있는 시장은 그에 맞추어 움직인다. 노동 가격이 오르니 노동 수요, 즉 고용이 하락한다. 이는 기존 근로자를 해고하거나, 근로 시간을 줄이거나, 인간의 노동을 기계로 대체하는 행동으로 나타난다. 그 결과 낮은 임금에도 기꺼이 일하려는 사람들이 일자리를 잃는 실업이 발생할 수밖에 없다. 역설적이게도 최저 임금 규제의 가장 큰 피해자는 근로자 중에서도 약자에 속하는 비숙련(아르바이트), 비정규직, 중소기업 근로자들이다. 약자를 보호하겠다는 정부의 개입이 도리어 약자의 처지를 더 열악하게 만드는 것이다.

임대료 상한제 규제도 마찬가지다. 임대료 규제는 주택 임대차 거래를 수요와 공급의 관계로 보지 않고 '악한 강자'와 '선한 약자'로 본다. 이렇게 보면 높은 임대료는 강자의 횡포다. 강자의 횡포로부터 약자를 보호하기 위해 정부가 임대료 상한선을 정해 규제하면, 임대료가 시장 가격보다 낮아진다. 그러면 건물 주인은 임대를 포기할 가능성이 커진다. 새롭게 임대 주택을 지으려는 의지도 사라진다. 이는 결국 임대 주택을 필요로 하는 사람들이 집을 구하지 못하는 불상사로 이어진다. 정부가 보호하려는 그 약자들이 규제의 가장 큰 피해자가 된 것이다.

이처럼 시장의 원리를 이해하지 못하거나 알고도 외면하는 '따뜻한' 정책은 결과적으로 약자에게 잔혹한 결과를 부른다. 누누이 강조하지만, 정책의 선악은 의도가 아니라 결과로 평가해야 한다. 가장 시장 친화적인 정책이 가장 선한 정책이다.

이윤, 선순환의 원동력

이윤 추구는 인간의 본성이다. 이윤을 더욱 효율적으로 창출하기 위해 만들어진 조직이 기업이다. 인간의 본성은 곧 기업의 본성이다. 기업은 이윤을 추구하는 존재이고, 이윤은 기업의 존재 목적이다.

현실에서는 모든 기업이 이윤을 내는 것도 아니다. 이윤을 많이 내는 기업이 있는가 하면, 손실을 보고 문 닫는 기업도 수없이 많다. 생명이 탄생하고 죽어가듯 기업도 끊임없이 탄생하고 죽어간다. 사람은 노화나 병으로 인해 생명 기능이 정상적으로 작동하지 못할 때 죽고, 기업은 이윤을 내지 못하면 죽는다.

기업은 이윤을 창출하기 위해 생산을 하고, 생산을 하기 위해 근로자를 고용하고 그들에게 임금을 주고, 정부에 세금을 낸다. 근로자(가계)는 임금으로, 정부는 세금으로 소비 활동을 한다. 가계와 정부의 지출은 기업의 이윤으로 되돌아오므로, 기업의 이윤 추구는 어마어마한 부가 가치를 창출하는 선순환의 근원이 된다.

올해 이윤을 내는 사업이 내년에도 계속 이윤을 내리라는 보장은 없다. 그래서 기업은 장차 더 많은 이윤을 내기 위해 끊임없이 새로운 사업에 투자하고, 장기적인 안목에서 연구 개발(R&D) 투자도 한다. 투자 없이 이윤 없고, 이윤 없는 투자 없다. 기업의 모든 투자는 다시 부가 가치 창출의 선순환을 만든다. 이윤은 현재뿐 아니라 미래를 위한 핵심 에너지이기도 하다.

그럼에도 이윤이라는 말에 부정적인 어감을 느끼는 사람이 많다. 그래서 '적정 이윤'이라는 이름으로 이윤을 제한하려고 한다. 기업의 '과도'한 이윤 추구는 바람직하지 않으니 '적정'한 이윤을 추구하라는 말이다. 그러나 이윤에 '적정'이란 없다. 이윤은 기업 스스로 창출하는 것이 아니라, 시장에서 소비자에게 선택받은 결과이기 때문이다. 소비자의 선택을 많이 받으면 이윤이 늘어나고, 선택받지 못하면 이윤이 낮아진다. 적정한 이윤이란 적정한 소비와 같은 말이다. 적정한 소비란 존재하지 않으므로, 적정한 이윤도 존재하지 않는다.

이윤과 손실이라는 신상필벌

모든 기업이 이윤을 추구하지만 모두 다 이윤을 보지 못하는 것은 소비자의 선택의 결과다. 소비자의 선택을 받으면 이윤을 창출하고, 소비자로부터 외면받으면 손실을 본다.

한편 소비자는 '구매'라는 선택을 통해 '만족', 즉 더 나은 삶을 향유한다. 소비자의 선택은 지금보다 더 나아지기 위한 행동이다. 기업이 이윤을 많이 냈다는 것은 많은 소비자의 선택을 받았다는 뜻이고, 이는 더 많은 소비자를 행복하게 만들었다는 뜻이다. 즉, 기업의 이윤의 크기는 얼마나 많은 소비자를 만족시켰는가를 알려주는 지표다. 소비자의 '적정 만족'이란 없으므로 기업의 '적정 이윤'도 없는 것이다.

소비자에게 만족을 준 기업은 공익에 기여한 셈이다. 공익에 기여한 것을 인정해서 주는 포상이 바로 이윤이다. 공로의 크기에 따라 포상의 종류가 다르듯이, 소비자를 만족시킨 공로에 따라 이윤이라는 메달의 색깔과 크기도 달라진다. 더 많은 소비자를 더 많이 행복하게 한 기업은 더 높은 이윤이라는 상을 받는다. 반면, 손실을 보는 기업은 소비자의 선택을 받지 못한 것이다. 소비자가 원치 않는 상품에 자본과 노동을 낭비한 것이다. 그 벌이 손실이다. 손실을 많이 낸 기업일수록 헛돈을 쓴 것이다.

종합하면, 이윤과 손실(=마이너스 이윤)은 기업이 소비자를 만족시키는 데 성공했나 실패했나를 말해주는 지표다. 소비자의 마음을 만족시킨 기업은 이윤을 얻고, 그러지 못하면 손실을 떠안는다. 이윤이건 손실이건 그 열매는 오롯이 자기에게 돌아간다. 이것이 경제 자유에 따르는 책임이다. 경제 자유에 바탕한 시장경제는 신상필벌이 확실한 체제다.

이윤 없이 혁신 없다

이윤을 추구하는 기업의 주된 전략 중 하나가 '차별화'다. 가장 전형적인 차별화는 이제까지 없던 신상품을 개발하는 것이다. 신상품이 소비자를 만족시켜 선택을 받으면 대박이고, 외면받으면 쪽박이다. 성공적인 신상품 개발은 소비자들이 새로운 세계를 경험하도록 해준다. 유선전화기가 휴대 전화로, 휴대 전화가 스마트폰으로 발전하면서 소비자들은 컴퓨터를 손안에 넣고 다니는 새로운 세계를 경험했고, 머지않아 손목이나 어깨에 컴퓨터를 심고 다니는 경험도 하게 될 것이다.

이처럼 기업이 이윤을 늘리기 위해 소비자가 새로운 세계를 경험하도록 하는 노력이 '혁신'이다. 스마트폰은 인류 역사에서 대표적인 혁신 상품이다. 스티브 잡스라는 기업가가 인류를 사랑하는 마음으로 스마트폰을 개발한 게 아니라, 더 많은 이윤을 내기 위해 이동 통신을 혁신한 것이다.

이윤 추구는 인간의 본성이고 인간 행동의 동기다. 이윤 추구는 혁신으로 이어졌고, 혁신은 인류 문명을 발전시키고 인간을 행복하게 해주었다. 가장 이기적인 것처럼 보이는 이윤이 실제로는 가장 이타적인 결과를 낳았다. 따뜻한 마음에서 출발한 정부 규제가 경제적 약자를 더 곤궁하게 만든 역설과 비교하면서 음미해 보자.

그런데도 우리는 이윤·영리·상업적이라는 말들에 대해 나쁜 선입견을 갖는 경우가 많다. 영리나 상업적이라는 말은 모두 이윤에서 파생한 말이다. 이윤 추구가 인류 문명 발전의 원동력이라는 것을 알았다면, 영리나 상업적이라는 말 역시 자연스럽게 받아들이면 된다.

기업의 사회적 공헌은 이윤 창출

한편 이윤을 많이 내는 대기업들에는 '사회적 책임'을 강요하는 분위기도 있다. 이는 이윤과 사회적 책임을 상반되는 것으로 오해하기 때문이다. 그래서 이윤을 낸 기업에 기부나 지역 개발 활동 등 '사회 환원'을 요구하고 이를 기업의 '사회적 책임'이라는 말로 포장한다. 그러나 바로 앞에서 보았듯 기업이 이윤을 냈다는 것은 이미 많은 소비자를 행복하게 해주었다는 뜻이다. 즉, 이윤 창출이야말로 기업이 할 수 있는 최고의 사회적 공헌이고, 이윤을 창출한 기업은 따라서 이미 사회적 책임을 다한 것이다. 그런데도 여기에 추가로 '사회적 책임'을 강요하면 기업의 이윤을 저해할 수밖에 없다.

이윤 창출 외에 기업의 사회 기여는 자발적일 때만 의미가 있다. 진실은, 기업이 자발적인 봉사 활동 같은 사회 기여에 나서는 것 자체가 기업 이미지 제고와 같은 '전략적 투자'다. 지금은 상품의 품질뿐 아니라 기업의 이미지도 이윤 극대화에 기여하는 시대다. 따라서 기업은 좋은 이미지를 얻기 위한 전략의 하나로 사회 공헌 활동에 나설 수 있다. 기업의 사회 공헌 활동은 마치 정치인이 표를 얻기 위해 지역 사회 발전에 앞장서고 소외된 이웃들에 기부 물품을 전달하는 것과도 같다. 기업과 정치인의 그런 사회 공헌은 이기적인 동기에서 출발했으므로 가치가 없다고 할 수 있을까? 단언컨대 순수한 동기에서 만 명의 개인 기부자가 만 원씩 낸 것보다(그들의 기부를 폄하하는 것이 절대 아니다), 이미지 메이킹을 위해 한 개 기업이 내는 10억, 100억 원이 더 많은 일을 할 수 있다.

기업이 사회에 대해 할 수 있는 최고의 공헌은 이윤을 많이 내는 것이다. 이윤을 창출해야 근로자들에게 임금을 안정적으로 지불할 수 있고, 연관 및 협력 기업들과 공생하면서 산업 전체를 발전시킬 수 있다. 기업은 이윤의 일부를 법인세로 납부하고, 근로자는 임금의 일부로 소득세를 납부해 정부 재정에 기여한다. 정부는 세금으로 거둔 재원으로 복지 등 고유의 역할을 하면 된다. 이윤 창출을 통해 이미 공익적 역할을 다하고 있는 기업에게 정부의 역할까지 강제로 떠넘겨서는 안 된다. 기업의 추가적인 사회 공헌은 정부 규제나 여론의 압박 같은 '채찍'보다, 사회 공헌을 많이 하는 기업의 상품을 소비자가 더 많이 선택해주는 '당근'으로써 더 많이 유도할 수 있다.

낡은 것은 파괴된다: 창조적 파괴

기업이 혁신을 통해 새로운 상품을 개발하면, 기존 상품은 더 이상 쓸모가 없어진다. 자동차가 개발되니까 소비자들은 말과 마차를 버렸고, 스마트폰이 일상화되자 사람들은 유선 전화를 버렸다. 향후 무인 자동차가 일상화되면 지금의 승용차는 다 고철 덩어리가 될 것이다. 이것은 문명이 발전하는 과정에서 필연적으로 발생하는 현상이다. 신상품 창조는 필연적으로 기존 상품의 파괴를 수반한다는 뜻에서 '창조적 파괴(creative destruction)'라고 한다. 창조적 파괴를 통해 인류의 삶은 윤택해진다.

창조적 파괴의 '파괴'라는 말에 대한 근거 없는 반감은, 신상품 개발에 따라 일시적으로 일자리를 잃게 되는 구산업 종사자에 대한 연민이나, 옛것에 대한 막연한 향수로 표출되기도 한다. 그러나 마부들이 일자리를 잃게 될까 봐 자동차 개발을 거부하거나, 손으로 꾹꾹 눌러쓴 편지의 정겨움을 잊지 못해 전자 우편(이메일)을 거부했다면 우리의 삶은 어떻게 되었을까? '창조'보다 '파괴'에 방점을 찍어 혁신을 막는 어리석은 정책을 펴는 것은 소비자들을 불행으로 이끌고 인류 문명의 발전을 저해할 뿐이다.

너무 걱정마
버스 안내양
전화 교환수
타이 피스트
국립공원 사진사
똥퍼 아저씨
자꾸자꾸 사라지는 직업들만큼
프로 그래머
어플 기획자
웹툰 작가
캘리 그래퍼
보컬 트레 이너
더 정밀하고 전문적인 직업들이 계속 나올거다

한국에 우버가 없는 이유

현대 사회의 가장 큰 변화는 정보 기술(IT)의 발전이다. 예를 들어 이제는 거의 모든 사람이 스마트폰이라는 개인용 컴퓨터를 손안에 들고 다닌다. 이에 따라 전에 없던 신상품이 개발되고, 소비자들의 생활도 파격적으로 변하고 있다. 대표적인 예가 '우버'다. 우버가 전 세계에 도입되면서 기존 택시 사업의 패러다임이 바뀌었다. 우버라는 기업은 택시를 한 대도 소유하지 않았지만 세계적으로 유명한 택시 회사가 됐다. 많은 사람이 기존의 택시를 기다리지 않고 우버를 이용한다. 기존 택시보다 더 낮은 가격과 더 높은 서비스 품질을 통해 더 풍요로운 삶을 영위하게 됐다.

그러나 한국에서는 우버를 이용할 수 없다. 전 세계 웬만한 나라 국민들은 누리는 이 상품의 도입을 우리 정부가 막았기 때문이다. 우버가 도입되면 사람들은 기존 택시를 이용하지 않게 될 것이라는 이유다. 우버에 의해 퇴출되는 기존 택시 산업에는 많은 이해관계자들이 있고, 이들은 민주 정치에서 일정 부분 정치적 압력을 행사할 수 있는 집단이다. 시장경제 발전의 자연스러운 과정을 정치적 고려로 막아버린 것이다. 우버가 기존 택시를 대체하는 것은 우버 회사가 한 일이 아니라 소비자가 선택한 결과다. 이것이 시장경제의 자연스러운 발전 과정이다. 그럼에도 정부가 이런 자연스러운 과정에 역행하여 우버 택시 도입을 원천적으로 막아버린 결과, 우리나라 소비자들은 기존 품질, 기존 가격의 택시 서비스를 여전히 이용하고 있다. 이래서는 혁신이 일어날 수 없다.

또 다른 예로 숙박업을 보자. 종래 숙박업을 대표해온 상품은 호텔이다. 여기에, 자기 집을 일정 기간 사용하지 않을 때 남에게 빌려주고 호텔보다 낮은 요금을 받는 '에어비앤비' 상품이 등장했다. 에어비앤비가 확대되면 기존의 호텔은 일정 부분 파괴를 겪을 것이다. 이 파괴를 거부하면 에어비앤비라는 혁신 상품은 나올 수 없다. '창조적 파괴'에서 파괴를 막으면 창조는 불가능하고, 이는 그 나라의 경제 발전을 저해하는 결과를 가져온다.

창조적 파괴는 한 가지 상품 개발로 끝나는 것이 아니라 연속적으로, 동시다발적으로 발생한다. 교통수단은 말과 마차에서 자동차로, 다시 무인 자동차로 변화해 왔고, 무인 자동차 이후에 또 어떤 상품이 개발될지는 아무도 모른다. 확실한 것은, 정부 규제가 적어야 창조적 파괴가 지속적으로 일어날 수 있다는 것이다.

기업의 성패를 좌우하는 '암묵적 지식'

개인은 만족을, 기업은 이윤을 추구하지만, 모든 개인과 기업이 성공할 수는 없다. 성공은 극소수만이 향유하는 결과물이다.

기업으로 범위를 국한해 보자. 기업은 신상품을 개발하고 소비자의 선택을 받음으로써, 즉 이윤을 남김으로써 성공한다. 기업이 신상품을 잘 개발하려면 외부적으로 정부 규제나 사회의 부정적 인식 같은 저해 요인이 적어야 하고, 내부적으로 '지식'도 필요하다.

학교에서나 책을 통해 배우는 것만이 지식은 아니다. 지식에는 설명하고 이해시킬 수 있는 '노왓(know what)'뿐만 아니라, 설명하기 어려운 '노하우(know how)' 성격의 지식도 있다. 예를 들어 올림픽에서 금메달을 딴 수영 선수가 쓴 『수영 입문』이라는 책을 본다고 해서 모두가 수영을 잘할 수 있는 것은 아니다. 사실은 최고의 수영 선수라 해도 『수영 입문』 책을 잘 쓴다는 보장조차 없다. 야구의 변화구는 강체(야구공)와 유체역학(공기의 흐름과 저항)의 결정체지만, 최고의 물리학자가 변화구를 잘 던지는 것도, 최고의 투수가 유체역학을 잘 아는 것도 아니다. 최고 천재 하면 늘 꼽히는 아인슈타인도 가장 어려운 일이 자전거 타기라고 하지 않았나. 음악가·화가·발명가 등의 영역도 마찬가지다.

모든 위대한 창조의 바탕에는 이론으로 말끔하게 설명할 수 없는 지식이 있다. 이런 지식이 선천적으로 타고나는 것인지 후천적으로 습득되는 것인지조차 모른다. 확실한 것은, 지식인 것은 틀림없으나 말과 논리로 설명할 수 있는 지식은 아니라는 점이다. 이런 지식을 '암묵적 지식(tacit knowledge)'이라고 한다.

기업을 보자. 수많은 기업 중 극히 일부만이 이윤을 창출하고 성공한다. 기업이 성공하기까지는 수많은 종류와 방대한 양의 지식이 필요하다. 그중에는 설명할 수 있는 지식도 있지만, 많은 부분이 설명할 수 없는 '암묵적 지식'이다. 만약 기업 성공의 비결을 공부를 통해 전수받을 수 있다면 수학 능력이 뛰어난, 쉽게 말해 학벌 좋은 박사들을 임원으로 채용한 기업은 모두 성공해야 할 것이다. 그러나 실제 현장에서 기업 임원의 학벌과 기업의 성공은 아무런 연관성이 없다. 오히려 정규교육을 받지 못한 기업가가 성공하는 예를 우리는 수없이 본다. 기업의 성공에는 학교에서 배울 수 있는 지식뿐 아니라 기업가의 암묵적 지식도 크게 작용하기 때문이다.

기업은 특정 분야의 암묵적 지식을 가진 사람이 모인 집합체다. 예를 들어 자동차 회사에는 자동차 생산에 관한 암묵적 지식을 가진 사람들이 모여 있다. 이들은 개개인이 자기의 지식만 가지고 개별적으로 활동하는 것보다, 한 기업에 모여서 협업함으로써 훨씬 더 높은 성과를 얻을 수 있다. 기업은 '모임으로써 새로운 부가 가치를' 창출하는 효과를 만드는 곳이다.

인간 개개인은 분업을 통해 전체적으로 더 높은 생산성을 낸다. 기업도 마찬가지다. 자동차를 잘 만들기 위한 암묵적 지식과 휴대폰을 잘 만들기 위한 암묵적 지식은 다르다. 기업이 업종별로 나뉜 것은 암묵적 지식별로 나뉜 것이다. 즉, 암묵적 지식이 분업을 이룬 결과가 업종이다. 자동차 업종으로 범위를 좁혀도 다시 그 안에 타이어만 생산하는 기업, 전자 부품만 생산하는 기업, 조립만 담당하는 기업으로 세분화된다. 지식은 서로 교류할 때 더 발전한다. 암묵적 지식도 마찬가지다. 기업은 암묵적 지식의 분업화의 결과인 동시에, 암묵적 지식을 교환하고 더 발전시켜 혁신을 일으키는 장이다.

시장경제 체제에서 모든 기업은 저마다의 암묵적 지식을 총동원하여 생산물을 소비자가 원할지 원하지 않을지를 가늠한다. 그중 일부는 소비자의 선택을 받음으로써, 그 암묵적 지식이 올바른 지식이었음이 밝혀진다. 반면 어떤 기업이 소비자의 선택을 받지 못해 망한다는 것은 그들이 가진 암묵적 지식이 부족하거나 부적합하다는 증거라고 할 수 있다. 성공한 기업은 '검증된' 암묵적 지식을 더욱 더 발전시켜나갈 것이고, 실패한 기업은 실패한 암묵적 지식을 버리거나 교정하는 과정을 거치게 될 것이다. 어떤 암묵적 지식이 소비자에게 필요한지 아닌지 판단은 누가 하나? 시장이 한다. 암묵적 지식의 유용성에 대한 시장의 판결이 '이윤'과 '손실'이다.

기업가와 기업가 정신

음악가는 새로운 음악을 창조하고, 화가는 새로운 그림을 창조해 인류의 삶을 풍요롭게 한다. 우리는 위대한 음악가와 화가의 작품을 경이롭게 바라본다. 기업가도 예술가와 마찬가지다. 기업가는 새로운 상품을 만들어 인류 생활에 풍요를 가져다준다. 자동차를 창조한 기업가로 인해 인류의 활동 범위는 말과 마차만 이용할 때에 비해 훨씬 넓어졌다. 냉장고와 세탁기를 만든 기업가, 전화를 만든 기업가, 스마트폰을 만든 기업가들이 인류 삶에 공헌한 수준은 위대한 예술가들의 공헌에 결코 뒤지지 않는다. 예술가나 기업가나 모두 '창조'함으로써 인류 삶의 발전에 공헌한다. 어쩌면 인류의 실생활을 윤택하게 해주었다는 점에서 기업가의 공헌이 더 클지도 모른다.

성공한 예술가는 인류의 감성적 삶을 더 윤택하게 만든 예술가이고, 그 상으로 높은 출연료와 작품 값을 받는다. 마찬가지로 기업가는 사회에 공헌함으로써 그 상으로 이윤을 얻는다. 기업의 이윤은 인류의 삶에 기여했다는 증거다. 그럼에도 우리는 예술가를 우러러보고 기업가를 나쁘게 보는 습성이 있다.

기업가를 성공한 기업가와 실패한 기업가로 단칼에 나눌 수는 없다. 오늘 성공한 기업가가 내일 실패할 수 있고, 그 반대도 가능하기 때문이다. 기업가는 끊임없이 자기 기업이 가진 암묵적 지식의 총체를 동원해 상품을 개발하고 시장에서 평가받는다. 그 결과 실패도 하고 성공도 한다. 기업가는 이렇게 성공과 실패를 번갈아 겪으며 자기 기업의 암묵적 지식을 새롭게 축적해나간다. 이는 예술가나 발명가도 마찬가지다. 위대한 예술가나 발명가가 항상 위대한 결과물을 만들어내는 것은 아니다. 위대한 창조의 바탕에는 수없이 많은 실패한 시도와 덜 만족스러운 습작이 있다. 숱한 실패를 바탕으로 위대한 성취를 이룬다는 점에서, 위대한 기업가는 위대한 예술가나 발명가와도 같다.

성공과 실패가 한순간에 판가름나는 불확실성과 위험 속에서 기업가는 매 순간 투자 결정을 내려야 한다. 성공을 위해 고독한 결정을 해야 하는 기업가의 마음이 '기업가 정신'이다. 기업가 정신의 요소들은 미지의 세계를 찾아가는 개척 정신, 아무도 안 가본 세계에 뛰어드는 과감함, 위험 앞의 신중함, 그리고 투자할 때와 투자하지 않을 때를 판단하는 암묵적 지식 등이다. 성공한 기업가에게는 다른 기업가가 갖고 있지 않은 탁월한 기업가 정신이 있다. 성공한 기업가 정신 덕분에 기업은 이윤을 내고, 소비자는 지금까지 경험해보지 못한 윤택한 생활을 영위한다.

기업가 정신은 대부분 학교에서나 책을 통해 배울 수 없는 암묵적 지식이다. 국가가 발전하려면 위대한 정치인 못지않게 투철한 기업가 정신을 가진 기업가도 있어야 한다. 그럼에도 우리는 기업가를 그다지 소중한 자산으로 생각하지 않는 것 같다.

한국에서 위대한 기업가 정신을 가진 대표적인 기업가로 누구나 꼽는 것이 삼성의 이병철 회장과 현대의 정주영 회장이다. 이 두 기업가가 한국의 경제 성장뿐 아니라 한국인의 삶 전체에 기여한 바는 어마어마하다. 이런 기업가가 지속적으로 나올 수 있는 분위기가 조성돼야 한국 경제가 성장할 뿐만 아니라, 혁신의 열매를 전 인류가 함께 누릴

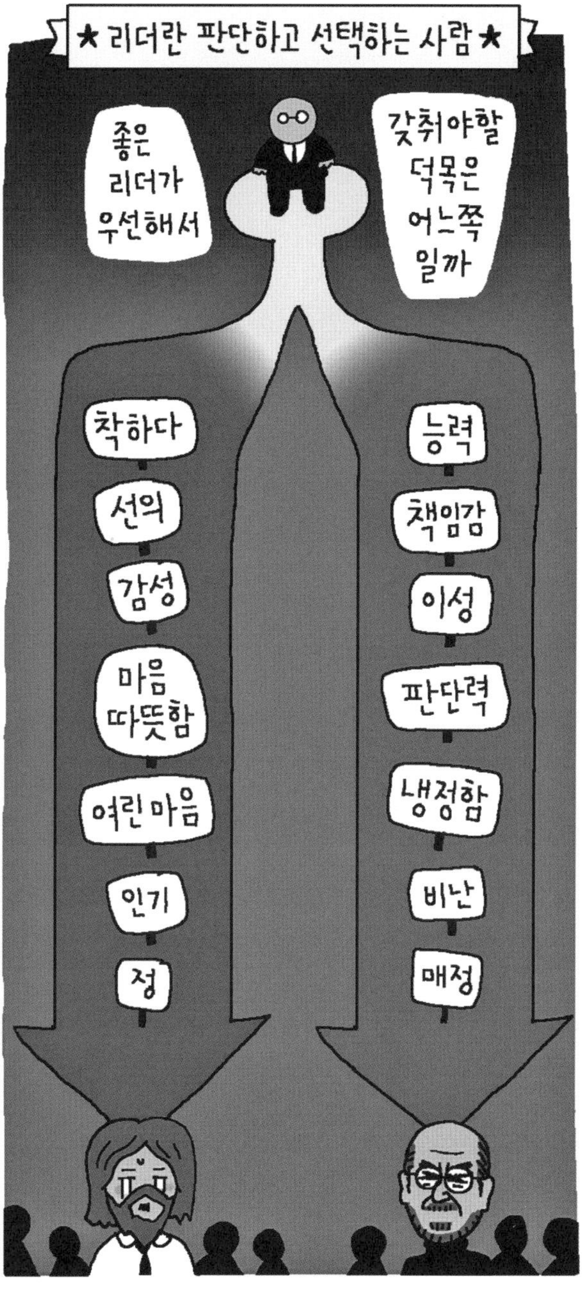

어느쪽 리더가 당장 듣기좋은 말보다는 회사의
미래를 위한 선택을 할 확률이 높을까?

수 있다. 그러나 기업가에 대한 부정적 시각이 팽배하다면 한국에서 기업은 성장할 수 없다. 이는 국가의 불행일 뿐만 아니라 인류의 손실이기도 하다.

성공한 기업가에게 엄격한 우리 사회

우리 사회는 기업가에 대해 엄격한 도덕적 잣대까지 들이대는 경향이 있다. 성공한 기업가는 기업 경영에 탁월한 사람이고, 이윤 창출과 기업 성장을 통해 자기의 공헌을 이미 입증받은 사람이다. 그런 기업가에게 우리는 막연히 일반인보다 높은 도덕성까지 기대하기 일쑤다. 기업가도 사람이기에 실수를 할 수 있는데도, 높은 도덕성 기준에서 조금이라도 벗어나면 엄청난 비난이 쏟아진다. 심지어 법원의 판단에 대해서도, 기업가에게는 일반인보다 더 가혹한 판단을 내리는 것이 더 정의롭다고 생각한다.

우리는 교수나 의사·변호사 같은 전문가들이 비행을 저질렀을 때 그 개인의 일탈을 비난하지, 교수 집단이나 의사·변호사 등 전문가 집단을 싸잡아 비난하지는 않는다. 그러나 유독 성공한 기업인 집단을 대할 때는, 일부 기업인의 일탈을 가지고 전체 기업인을 매도하는 경향이 있다.

우리는 교수와 의사 개개인에게, 본연의 업무에 충실한 것 이상의 사회적 책임을 따로 요구하지 않는다. 교수는 열심히 연구하고 잘 가르침으로써 사회적 책임을 다한 것이다. 의사는 열심히 연구하고 환자를 잘 치료함으로써 사회적 책임을 다한 것이다. 마찬가지로 기업가는 이윤을 창출함으로써 사회적 책임을 다한 것이다. 그런데도 기업이 이윤을 창출하는 것 외에 추가로 또 사회적 책임을 져야 하는 것처럼 생각하는 사람이 많다.

경쟁이 경제 정의다

수요자와 공급자가 만나서 거래하는 시장 속에서, 공급자인 기업들 사이에는 끊임없이 '경쟁'이 일어난다. 경쟁이란 고정된 상태가 아니라, 끊임없이 경쟁하는 동태적 현상이다. 그런데 주류 경제학에서는 '완전경쟁' '불완전 경쟁'이라는 용어를 써서, 경쟁을 마치 한순간의 '상태'인 것처럼 왜곡해 설명한다.

경쟁은 똑같은 상품을 가지고 하는 것도 아니다. 기업은 똑같은 상품이 아니라 뭐가 달라도 다른 상품을 가지고 경쟁한다. 더 새로운 상품, 더 고품질의 상품, 그것도 아니면 최소한 더 가성비 높은 상품으로 소비자의 선택을 독차지하려고 경쟁하는 것이다. 그리고 경쟁에서 심판은 기업이 아니라 소비자다. 경쟁에서 이긴다는 것은 소비자의 선택을 받았다는 뜻이다.

경쟁이 있기에 기업들은 엇비슷한 생산 자원을 갖고도 서로 다른 상품을 만들어낸다. 그래서 경쟁을 '발견적 절차(discovery procedure)'라고도 한다. 경쟁이 없다면 새로운 상품을 개발할 이유도 없다. 경쟁이 있기 때문에 좀 더 나은 상품을 생산해 선택받으려고 노력하는 '발견적 절차'도 있는 것이다. 발견적 절차는 생산 자원을 가장 효율적으로 사용하게 하는 메커니즘이다. 그 바탕에 경쟁이 있다.

경쟁은 무질서가 아니라, 그 자체가 질서다. 전체 소비자라는 심판자 앞에서 작동하는, 간단한 원리를 가지고 고도로 발전시킨 질서다.

경쟁은 제로 섬이 아니다

우리는 경쟁도 나쁜 것으로 생각하기 쉽다. 자본주의와 시장경제를 비판하는 집단은 '경쟁'이 있기에 시장경제는 나쁜 제도라고 말한다. 경쟁을 더 나쁜 것처럼 보이게 하기 위해 '무한 경쟁' '가혹한 경쟁' '인간성을 파괴하는 경쟁' 등으로 수식을 더하기도 한다.

경쟁에 대한 부정적 인식의 밑바탕에, 경쟁에서 전투처럼 승자와 패자가 나뉜다는 오해가 있다. 승자가 있으면 패자가 있다. 승자는 얻고, 패자는 뺏긴다. 승자가 얻은 것과 패자가 뺏긴 것을 합하면 제로가 되므로, 경쟁은 제로 섬 게임이라는 주장이다.

그러나 경쟁은 제로 섬이 아니다. 심지어 승자와 패자가 나뉘지 않고, 모두가 승자가 되거나 거꾸로 모두가 패자가 되기도 하는 질서다.

현대 인류 문명을 급속하게 발달시킨 최고의 상품 중 하나로, 누구나 갖고 있는 스마트폰을 꼽을 수 있다. 스마트폰은 경쟁이라는 질서 속에서 탄생한 최고의 상품이다. 스마트폰을 발명한 애플이 승자라면 패자는 누구인가? 스마트폰으로 애플이 이윤을 창출했다면, 다른 기업들은 손해를 보았나? 진실은, 경쟁 덕분에 스마트폰이라는 이 세상에 존재하지 않던 새로운 상품이 탄생해 모두가 이익을 보았다는 것이다. 그래서 경쟁을 '발견적 절차'라고 하는 것이다. 경쟁은 고정된 파이를 놓고 서로 많이 차지하려는 다툼이 아니고, 파이 자체를 키우는 발견적 절차다. 그래서 인류 생활을 윤택하게 할 새로운 상품을 끊임없이 생산하게 하는 질서이기도 하다. 스마트폰·페이스북·무인 자동차 같은 경쟁의 산물들은 다수의 패자를 발생시키기는커녕 수많은 기업들을 다 같이 승자로 만들었고, 소비자는 단지 선택만 함으로써 더 윤택한 생활을 즐

길 수 있게 되었다.

경쟁은 고정된 상태가 아니므로, '경쟁'이라는 명사보다 '경쟁한다'라는 동사로 나타내는 것이 본질에 더 어울린다. 새로운 세계를 열려는 경쟁 속에서 물론 패자도 나올 것이다. 그러나 언제나 현재 진행형인 경쟁에서 다음 단계, 또 다음 단계의 기회는 항상 누구에게나 열려 있다. 한번 성공했다고 해서 그 성공에 안주할 수 없고, 오늘 실패했다고 해서 낙담할 필요도 없다. 그리고 언제나 최종 심판은 소비자가 한다. 소비자가 보는 것은 오로지 상품의 가격과 품질이다. 기업이 경쟁하고 소비자가 선택하는 과정에는 집안·지연·학벌이 개입할 여지가 없다. 경쟁은 가장 정의롭고 공평한 질서다.

경쟁하는 국가들이 잘산다

세계 지도를 펼쳐놓고 보면 마치 잘사는 나라들은 잘사는 나라끼리, 못사는 나라들은 또 그들끼리 서로 국경을 맞대고 몰려 있는 것 같은 인상이다. 예를 들어 영국·프랑스·독일·스위스 등 서유럽에 몰려 있는 나라들은 대체로 전부 잘살고, 적도 근처에는 대체로 못사는 나라들끼리 다닥다닥 붙어 있다. 왜 이런 현상이 나타나는 걸까?

서유럽 지역에 대체로 잘사는 나라들이 모여 있는 이유는, 이들이 오랫동안 국경을 넘나들며 거래하면서 동시에 경쟁 관계를 유지해왔기 때문이다. 국가 간 경쟁이 과열되어 때로 전쟁으로 이어지기도 했지만, 근본적으로는 경쟁을 통해 서로 발전할 수 있는 환경이 되었다. 부자 나라가 옆에 있으면 그 나라를 따라잡고 추월하기 위해 연구하고 노력하게 마련이고, 그 결과 모두 다 비슷하게 잘사는 나라가 된 것이다. 주위에 못사는 나라들만 있으면 경쟁할 필요가 없다.

한국은 지리적으로 일본·중국과 접해 있다. 한국 경제가 급속도로 성장할 수 있었던 비결로 바로 옆에 일본과 중국이라는 강대국이 있다는 사실도 무시할 수 없다. 한국은 특히 일본과 경쟁하는 관계였기에 일본의 경제 성장에 자극받아 급속 성장을 이루었고, 중국은 한국·일본의 자극을 받아 경제 대국을 꿈꾸는 선순환이 이루어졌다.

독점은 소비자의 선택

경쟁보다 더 나쁘게 여기는 것이 독점이다. 이것 역시 독점을 정태적인 현상으로 오해하기 때문이다. 정태적으로 보면 독점은 한 기업만이 누리는 특권이므로, 독점 기업이 가격을 좌지우지함으로써 소비자들이 피해를 입는 것처럼 보인다. 그러나 독점을 동태적인 과정으로 제대로 보면 이는 기우임을 금방 알 수 있다.

앞에서 경쟁은 어떤 고정된 '상태'가 아니라 동적인 '과정'이라고 했다. 경쟁이라는 동적인 질서가 작동하는 시장에서, 어느 시점에 모든 소비자가 한 개 기업의 상품만을 선택했을 때 독점이 일어난다. 그런데 독점이 일어나는 그 순간에도 경쟁이 없는 것은 절대로 아니다. 시장경제에서 한순간도 경쟁 없는 순간은 없다. 독점이 일정 기간 유지된다는 것은, 한 개 기업이 그 일정 기간 동안만 승자 지위를 누린다는 뜻에 불과하다.

독점 역시 기업이 발생시키는 것이 아니다. 일시적인 독점 기업은 소비자가 선택했기 때문에 독점 기업이 된 것이다. 독점을 싫어할 기업은 없다. 그러나 일시적이나마 모든 소비자의 선택을 받아 독점을 누리는 기업은 극소수이고 그것도 아주 짧은 기간에 불과하다. 독점은 모든 소비자의 선택을 받은 결과이므로, 모든 소비자를 만장일치로 행복하게 만들었다는 뜻이다. 독점 기업은 비난은커녕 소비자의 존경을 받아 마땅하다.

일시적으로 독점이 일어났다고 해서 경쟁이 존재하지 않는 것은 아니다. 경쟁은 끊임없이 지속되는 과정이다. 독점 기업에는 그 순간에도 수많은 경쟁자가 도전한다. 이런 수많은 경쟁자를 오랜 기간 다 이기기는 불가능에 가깝다. 언제든지 또 다른 성공한 기업이 나타나면 그 순간 독점은 깨진다. 독점은 경쟁이라는 동태적인 과정에서 잠깐 나타나곤 하는 특수한 현상일 뿐, 지속적으로 유지되기 어렵다. 만약 오랜 기간 동안 독점 기업으로 남는 기업이 있다면 그 기업은 실로 대단한 기업이다.

그런데도 독점은 나쁘다는 선입견이 쉬이 가시지 않는 것은, 독점 기업은 가격을 멋대로 좌지우지할 수 있다고 오해하기 때문이다. 이것은 절대적으로 틀린 말이다. 아무리 생필품이라 해도 가격이 오르면 수요는 떨어지게 마련이다. 가격을 한 단위 올려서 수요가 두 단위 떨어지면, 가격을 올려봤자 총 매출은 오히려 줄어들고 이윤도 감소한다. 기업의 궁극적인 관심사는 이윤이지 가격 그 자체가 아니다. 가격을 올린다고 이윤이 마냥 같이 늘어나는 게 아니다. 독점 기업도 최대 이윤을 실현할 수 있는 가격보다 높은 가격을 책정할 수는 없다. 시장은 새로움과 가격과 품질에 반응하므로, 언제든지 새로운 경쟁자가 새로운 상품을 들고 나타나 독점을 깰 수 있는 것은 말할 것도 없다.

경쟁의 적, 규제

독점이 나쁜 경우가 딱 하나 있다. 경쟁을 통해 일시적으로 일어난 독점이 아니라, 정부가 시장에 개입해 인위적으로 독점 구조를 만드는 경우다. 이른바 '규제에 의한 독점'이다. 규제는 시장 기능을 제약하는 것이므로, 규제에 의한 독점은 시장, 즉 경쟁과 무관하게 독점적 지위를 누릴 수 있다.

규제에 의한 독점은 경쟁 바깥에 놓여 있기에 이윤이나 혁신에 목맬 필요가 없다. 효율적·경제적일 수 없다는 말이다. '철밥통' '신의 직장' '귀족 노조' 같은 비난을 받는 공공 부문 및 공기업이 대표적인 '규제에 의한 독점' 기업들이다. 이런 기업들은 정부의 비호 아래 독점의 단맛을 즐기는 것이며, 그 비용은 오롯이 국민 전체가 부담해야 한다. 이런 독점은 규제를 풀어 경쟁 체제로 되돌리는 것, 즉 '공기업 민영화'로 풀어야 한다.

독점을 정부가 개입해서라도 규제해야 된다는 생각은, 독점을 경쟁이라는 과정 속의 작은 과정으로 보지 못하기에 나온 것이다. 독점 기업을 경제적 강자라고 착각하고, 강자가 있으면 약자가 있다고 넘겨짚은 결과다. 경쟁을 정적인 상태, 제로 섬 게임으로 오해하기에 빚어진 착시다.

독점까지는 아니더라도, 소수 기업의 시장 점유율 합계가 높으면 '과점(寡占)'이라고 하여 역시 바람직하지 않은 상태라고 오해한다. 이동통신 시장 점유율 규제 같은 것이 그래서 나왔다. 상품을 선택하는 것은 소비자의 자유이고 권리다. 소비자 선택의 결과가 시장 점유율이다. 독과점(독점+과점)은 성공적인 기업이 일시나마 누릴 자격 있는 것을

이와같이 신성한 골목상권을 침해한
중죄인 백씨 에게

영업 시간 제한
확장 금지
가격 규제
TV출연 제한
특별세 부과
쾅! 쾅!
이와같은 처분을 내린다!!
꽝! 꽝!!

백쉐프 몰락
아이고 이제 제대로 됐네
공정한 세상이 됐네

??????

누리라고 소비자가 주는 상이다. 정부가 시장 점유율을 규제하는 것은 소비자 선택을 규제하는 것이고, 이는 소비자의 선택할 자유를 침해하는 것이다.

제6부

착한 정부는 없다

모든 경제 정책은 궁극적으로 '시장이냐 정부냐' 중에서 하나를 선택해야 한다. '시장'을 선택하는 것은, 정부가 인위적으로 개입하는 것을 허용하지 않는 것이다. '정부'를 선택하는 것은, 제대로 작동하지 않는 시장의 문제를 해결하기 위해 '착한 정부'가 개입할 것을 기대하는 것이다. 시장은 '자생적 질서', 정부의 개입은 '인위적 질서'다.

많은 사람들이 정부가 무엇이든 대신 해결해주는 것을 이상적인 상태라고 막연히 생각한다. 시장보다 정부를 믿는 것이다. 이것이 시장경제에 대한 비판으로 이어지고, 정부의 시장 개입을 정당화한다.

시장은 악마이고 정부는 천사일까? 이 장에서는 시장과 정부의 역할을 살펴보고, 시장은 어떤 경우 실패하고('시장 실패는 예외적') 정부는 어떻게 실패하는지('정부 실패는 필연적') 알아본다.

시장 실패와 정부 실패

시장경제는 무정부주의라는 오해가 있다. 이것이 오해인 이유는, 시장경제 체제에도 정부는 필요하기 때문이다.

시장경제는 개인과 기업들의 자발적인 거래가 이루어지는 경제다. 거래는 소유권 이전이다. 시장경제 체제는 개인의 소유권이 완전히 보장된 이후라야 작동할 수 있다. 개인의 소유권이 제대로 인정되지 않는 경제 체제에서는 거래가 성립할 수 없고, 따라서 시장이 작동할 수 없다. 시장경제는 소유권을 보호하는 정부의 역할을 필요로 한다.

시장 실패는 예외적

개인의 소유권이 완벽하게 보호되고 난 후에도 정부의 역할은 필요하다. 시장이 정상적으로 작동하지 못할 때나, 시장에 맡기기 적합하지 않은 재화의 경우가 그렇다. 대표적인 예가 '공공재'와 '기업의 오염 발생 행위'다. 공공재와 기업의 오염 발생 행위는 시장이 제대로 작동하지 못하는 특수한 경우다. 이때 정부의 시장 개입이 필요하다.

'시장 실패' 때문에 정부의 개입이 필요하다는 주장도 있다. 주의할 것은 '시장 실패'는 '시장은 항상 실패한다'는 말이 아니라는 사실이다. 시장 실패는 시장이 '때로' 정상적으로 작동하지 않는 경우가 있다는 말이다. 시장경제는 많은 영역에서 정상적으로 작동하고 있다. 이는 곧 수요자와 공급자 모두 더 윤택해졌음을 의미한다. 그러나 이를 가리키는 '시장 성공'이라는 말은 없다. 시장은 성공이 정상이고 실패가 비정상이기 때문이다. 그럼에도 시장 실패라는 말만 자주 쓴다면, 이는 정부의 시장 개입을 정당화하기 위해서가 아닌지 의심해봐야 한다.

한 나라의 국내 총생산(GDP)에서 민간 부문 비중은 3분의 2, 정부 부문 비중은 3분의 1 정도인 게 알맞다고 본다. 이처럼 정부보다 시장의 역할이 훨씬 큰데도 마치 시장 실패가 시장의 본질인 것처럼 오도하는 것은 많은 경우 정부 개입을 유도하기 위한 포석이다.

정부 실패는 필연적

불완전한 인간이 만든 자생적 질서인 시장경제가 완벽할 수는 없다. 시장이 제대로 작동하지 못하면 당연히 정부가 개입해야 할까? 정부의 개입은 시장 실패를 완벽하게 보완해줄 수 있을까?

그렇지 않다. 정부의 시장 개입은, 자생적으로 생겨난 질서인 시장을 정부가 인위적으로 통제해 이상적으로 만들 수 있다는 발상이다. 그 바탕에 '시장은 악, 정부는 선'이라는 그릇된 도식이 있다.

불완전하기는 정부도 마찬가지다. 불완전한 인간들이 선출하고 구성하는 정부가 완벽할 수 없다. 그럼에도 우리는 정부의 역할에 대해 과도한 신뢰를 가지고 있다. 물론 정부는 '규범적으로' 공익을 추구하는 집단이다. 그렇다고 해서 정부가 공익만 추구하는 천사인 것만은 아니다. 정부는 공직자라는 '사람들'로 구성된다. 민간 기업에서 일하든 공직에서 일하든 사람이 사익을 추구하는 것은 마찬가지다. 공직도 직업인 만큼, 공직자라고 해서 공익만을 추구하는 것은 아니다. 또 정부를 이루는 개개 부서들도 기업 같은 하나의 조직들이다. 예를 들어 정부의 모든 부서는 예산 확보에 욕심을 낸다. 예산은 부서의 권력이기 때문이다. 예산이 넉넉하면 민간에 뿌릴 수 있는 돈이 많아지고, 그 권력으로 민간 위에 군림할 수 있다. 예산은 '낙하산'이나 '영입' 같은, 퇴직 이후의 삶을 대비하는 방편도 된다. 이 모든 사익은 법을 어기지 않고도 추구할 수 있다.

무엇보다, 정부는 세금으로 운영되기 때문에 이윤을 내야 할 유인이 없다. 효율적인 경영을 할 수도, 할 이유도 없다는 뜻이다. 실제로 정부는 이윤보다 안정을 추구하는 경향이 크다. 경제적인 측면에서 보면 이것은 비생산적이고 낭비다. 이것이 '정부 실패'다. 정부가 시장에 개입할 경우, 정부 실패는 거의 필연적이다.

따라서 시장 실패가 일어났다 해서 당연히 정부의 개입에 맡기는 것이 아니라, 시장 실패와 정부 실패를 비교해 어느 쪽 실패가 더 큰지 따져보고 결정해야 한다. 만약 예견된 정부 실패가 시장 실패보다 더 크다면, 정부에 맡기지 않고 시장이 자율적으로 문제를 해결하는 편이 훨씬 낫다.

공공재와 공공성의 혼동

경제에서 정부의 역할을 강조하는 데 자주 동원되는 말이 '공공성'과 '공공재'다. 흔히 교육·방송·전력·교통 등을 공공재의 예로 든다. 노동조합 등 많은 이익 집단들은 자기들이 종사하는 영역에 공공성이 있다고 주장하며 특권적 지위를 요구하기도 한다.

이들 이익 집단들은 왜 공공성을 내세우는 것일까? 자기네 업종에 공공성이 있고, 공공성은 중요한 부문이므로, 정부가 더 많은 예산을 지원해 달라는 얘기다.

'공공성'과 '공공재'를 흔히 섞어서 쓰지만, 경제학에서 '공공성' 논의는 거의 없다. 공공성은 정의하기조차 힘들기 때문이다. 반면 '공공재'는 비교적 정확하게 정의하고 이를 바탕으로 정부의 역할을 설명한다. 즉, 공공성은 일상어이고, 공공재는 학술 용어다. 일상어와 학술 용어를 뒤섞어 쓰면 '공공재는 공공성을 띤 재화'라는 잘못된 인식이 생긴다. 이런 잘못된 인식이 '공공재에는 정부가 개입해야 한다'는 오해를 낳는다.

공공재란

경제학 용어로 '공공재(public goods)'는 다음 두 가지 조건을 만족하는 재화다. 첫째로 '다른 사람의 사용을 막을 수 없을 것', 둘째로 '사람들이 함께 사용해도 불편함이 없을 것'이 그것이다. 많은 사람이 잘못 알고 있는 것처럼 '공공성'이 공공재의 조건은 아니다!

한산한 도로를 예로 들어보자. 도로는 누구든지 지나다닐 수 있으므로 '다른 사람의 사용을 막을 수 없고', 한산하므로 '사람들이 함께 사용해도 불편함이 없다'. 즉, 한가한 도로는 두 가지 특성을 만족시키는 공공재다. 바닷가나 섬에 있는 등대도 마찬가지다. 등대 불빛은 누구나 볼 수 있기 때문에 '다른 사람의 사용을 막을 수 없고', 하나의 등대 불빛을 '여러 배가 함께 보아도 불편함이 없다'. 그러니까 등대도 공공재다. 이런 재화는 국방·고수부지·무료 공원 등 수없이 많다.

이 정의를 바탕으로, 많은 이익 집단들이 공공성이라는 이름으로 특별한 대우를 요구하는 부문이 공공재인지 따져보자.

맨 먼저, 공교육. 만약 무상 교육이라면 다른 사람의 진입을 막을 수 없다는 조건은 충족한다. 그러나 여럿이 함께 교육을 받으면 교육 서비스의 질이 떨어져 서로 불편하다. 즉, 공교육은 '공공성' 있는 영역일 수는 있어도 공공재는 아니다.

다음, 복지는 개념 범위가 매우 넓으므로 좀 세분해서 봐야 한다. 우선 저소득층을 위한 복지는, 저소득층이라고 한정했으므로 다른 사람의 진입을 막았고, 똑같은 예산에서 수혜자가 늘어나면 기존 수혜자가 피해를 보므로 공공재가 아니다. 간병인 서비스나 무상 급식 같은 사회서비스 복지도 공공재가 아니긴 마찬가지다. 여러 가지 형태의 복지를 따져봐도 어떤 것도 공공재 정의에 들어맞지 않는다.

그럼에도 교육이나 복지가 공공재라는 착시가 생긴 것은, 경제학 용어인 '공공재'와 일상어인 '공공성'을 혼동했기 때문이다. 사람들이 필요로 하는 것이 공공성이라면, 세상에 존재하는 거의 모든 재화와 서비스는 공공성을 띤다. 재화와 서비스는 사람들이 필요로 하기에 생긴 것이기 때문이다. 사회적으로 중요한 것이 공공성이라면, 역시 세상에 중요하지 않은 재화나 서비스는 없다. 휴대폰을 보자. 휴대폰은 많은 사람들이 필요로 하고 사회적으로 중요하지만(재난 알림 같은 것을 가장 빨리 보낼 수 있는 등), 휴대폰이 공공성을 띤다거나 공공재라고 하지는 않는다. 전 국민이 일정 품질 이상의 휴대폰을 가지도록 정부가 개입해야 할 이유도 당연히 없다.

공공재는 공공의 재화가 아니다

'공공성을 띠는 재화' 말고, 공공재의 조건을 만족시키는 진짜 공공재를 보자. 공공재는 시장에 맡기기 적당하지 않으므로 정부가 제공하는 것이 옳은가?

그렇지 않다. 공공재 중에서는 시장이 제공하는 것이 수없이 많다. 공공재라고 반드시 정부가 제공해야 하는 것이 아니다.

방송은 '다른 사람의 사용을 막을 수 없고' '함께 사용해도 불편함이 없는' 공공재다. 그러나 이런 공공재는 KBS·EBS와 MBC 같은 공영·준공영 방송사뿐 아니라 공중파의 SBS, 그리고 수없이 많은 케이블과 위성 채널 같은 사기업이 대부분 제공한다.

컴퓨터의 인터넷 익스플로러 같은 운영 체제(OS)도 '다른 사람의 사용을 막을 수 없고' '함께 사용해도 불편함이 없는' 공공재다. 이런 공공재를 제공하는 것은 빌 게이츠 같은 기업인이다. 심지어 그는 공공재를 개발 판매해서 전 세계에서 가장 부자가 되었다.

종합 쇼핑몰도 공공재다. 뜻밖이라고 할지 모르겠지만, 한가한 시간대라면 '다른 사람의 사용을 막을 수 없고' '함께 사용해도 불편함이 없는' 두 조건을 모두 만족하기 때문이다. 그런데 공공재인 종합 쇼핑몰을 만들고 운영하는 롯데·신세계 등은 모두 사기업들이다.

공공재라고 해서 이윤 창출을 하지 못하는 것도 아니다. 방송사나 종합 쇼핑몰을 운영하는 기업들은 공공재 역할을 충실하게 하면서 이윤도 창출한다. 사익과 공익을 모두 만족시키는 역할을 하는 것이다.

종합 쇼핑몰을 정부가 규제하려고 한다. 전통 시장 등 약자를 돕기 위해 대형 종합 쇼핑몰이 정기적으로 강제 휴점하게 하자는 것이다. 하지만 종합 쇼핑몰은 공공재다. 종합 쇼핑몰이 강제 휴점하면 당장 많은 시민들이 생활에 불편을 겪는다. 종합 쇼핑몰을 강제 휴점하게 한다고 해서 그날은 소비자들이 전통 시장으로 가는 것도 아니다.

알았어 알았어~ 그렇게 힘들면 당분간 조사 안할게.
알아서 법망을 잘들 피해봐 ㅋ
어차피 나중에 조사하면 그만이잖아…
그게 정부가 할 소리냐…
자영업자 다죽는다

이런 정책을 구상한 것은, 정책을 입안하는 사람들이 종합 쇼핑몰과 전통 시장을 서로 대체재라고 오해했기 때문이다. 그래서 종합 쇼핑몰을 규제하면 전통 시장이 활성화될 거라는 틀린 예측을 하고 있다.

종합 쇼핑몰 규제는 아직 실행하고 있지 않고, 대형 할인점(마트) 강제 휴점은 이미 시행하고 있다. 시장주의자들의 예상대로(그리고 정부의 예측과 정반대로) 할인 마트 강제 휴점은 시민들을 불편하게 만들고, 전통 시장 활성화에는 전혀 보탬이 되지 않고 있다.

전통 시장과 그곳에서 장사하는 자영업자들이 위기에 놓인 것은 사실이다. 그러나 전통 시장이 어려운 것은 대기업들이 만든 대형 할인점이나 종합 쇼핑몰 때문이 아니다. 소비자들이 전통 시장보다 대형 할인점을 더 많이 선택했기 때문이다. 소비자의 선택은 경제 자유의 핵심이기 때문에 이를 규제할 수도 없다.

그렇다면 전통 시장을 살리려면 어떻게 해야 할까? 질문부터 틀렸다. '전통 시장이 살아나려면'이라고 해야 된다. 답은 둘 중 하나다. 다시 소비자의 선택을 받을 수 있는 방향으로 전통 시장이 스스로 혁신하거나, '창조적 파괴' 원리에 따라 역사의 뒤안길로 사라지거나. 마트와 쇼핑몰의 개점 시간 규제나 강제 휴점은 답이 아니다.

기업의 오염 발생 행위

정부 개입을 부르는 두 번째 논리는 '기업의 오염 발생 행위'다.

기업은 생산 활동을 하는 과정에서, 업종마다 정도는 다르지만 필연적으로 자연환경을 오염시킨다. 기업이 자유롭게 생산 활동을 하도록 하면 환경 오염도 따라서 더 심각해진다. 따라서 정부가 개입해 기업의 환경 오염 행위를 억제해야 한다는 주장이 있다. 이를 경제학에서는 '외부 경제(external economy)', 줄여서 '외부성(externality)'이라고 한다.

외부 경제와 사회 비용

'외부 경제'는 시장 밖에서 작동하는 경제라는 의미다. 만약 기업이 생산 활동을 하면서 오염을 발생시킨다면, 기업 입장에서만 보면 이것은 비용이 아니다. 그러나 국가 전체적으로 보면 오염으로 인해 국민이 피해를 입고, 오염을 해소하기 위해 재정을 지출해야 하므로 환경 오염은 틀림없는 비용이다. 이를 '사회 비용'이라고 한다.

오염이 많을수록 오염과 관련된 사회 비용은 증가한다. 그러나 기업은 생산에 직접적으로 소요되는 비용만 고려해 생산하지, 사회 비용을 고려하지 않는다. 그렇기 때문에도 환경 오염에 아랑곳없이 더 많이 생산하려고 한다.

사회 전체로 보면, 오염이라는 사회 비용까지 고려해 생산량을 정하는 것이 더 합리적이다. 이럴 경우, 오염을 유발한 만큼 기업에 세금을 부과하면 오염 비용이 기업의 비용으로 전가되는 효과를 거둘 수 있다. 기업은 세금만큼 생산 비용이 증가하게 돼, 세금이 부과되지 않을 때에 비해 적은 양을 생산하게 된다. 결론적으로, 기업이 오염을 발생시키는 행위는 시장에만 맡기는 것보다 정부가 세금으로 규제함으로써 더 나은 상태를 만들 수 있다. 외부 경제가 정부 개입을 정당화하는 대표적인 논리다.

다만, 외부 경제 이론의 기본 전제가 '기업은 악, 정부는 선'이어서는 안 된다. 게다가 기업의 환경 오염 문제는 선악과 무관하게, 시장이냐 정부냐와도 무관하게, 순수 '소유권'만 가지고도 풀 수 있다. 소유권에 입각해 문제를 풀 수 있다면 정부의 역할은 필요없다.

외부 경제의 시장 친화적 해결은

주인이 없는 물건은 낭비되고 파괴되기 마련이다. 자연환경도 마찬가지다. 자연은 누구든지 사용할 수 있는 공공재이므로 소중하게 사용할 필요가 없다는 생각에 오염에 노출되기 쉽다. 즉, 오염이라는 낭비와 파괴는 누구의 소유도 아니기 때문에 발생한다. 다시 말해, 소유권이 제대로 설정되면 재화의 낭비와 파괴를 막을 수 있다.

자연도 마찬가지다. 자연환경에도 뚜렷한 소유권 개념을 도입하면, 소유권자는 자기 재산이 오염되지 않도록 관리할 터이므로 자연환경은 보전될 수 있다.

자연환경 오염을 외부 경제 관점에서 보면, 정부가 세금으로 시장경제에 개입하지 않고 자연의 소유권을 특정인에게 할당함으로써 문제를 해결할 수 있다. 강물이나 대기 같은 자연자원에 소유자가 있다면 기업은 오염 비용을 놓고 자발적으로 소유자와 협상하려 할 것이다. 협상을 통해 피해액이 결정되고 기업이 오염 비용을 소유자에게 지불하면, 그만큼 생산 비용이 높아진다. 높아진 비용으로도 이윤을 창출할 수 있다면 기업은 생산 활동을 계속할 것이고, 소유자가 오염 비용을 높게 요구해 생산 비용이 급등하면 기업은 이윤을 창출하기 힘든 그 장소를 포기하고 다른 장소로 이전하거나 업종을 전환할 것이다. 이런 일련의 과정이 당사자 간 자발적인 협상으로 이뤄지므로 정부 개입은 필요 없다. 자연 오염과 같은 외부 경제 문제조차 정부 개입이 아니라 시장경제 틀 안에서 해결이 가능하다는 얘기다.

결론적으로, 기업의 환경 오염 문제를 해결하기 위해 정부가 해야 하는 역할은, 오염되는 환경의 소유권을 정확하게 할당하는 것으로 충분하다. 나머지는 시장이 해결한다. 이것이 외부 경제의 시장 친화적인 해결 방법이다.

이처럼 얼핏 시장 실패로 보이는 영역도, 찬찬히 뜯어보면 정부 개입이 전혀 없이, 또는 정부의 개입을 최소화하고도 해결할 수 있는 경우가 많다.

제7부

시장경제의 오해

우리나라는 반만년 역사를 자랑하지만, 그 대부분의 기간 굶주렸다. 그나마 남쪽의 대한민국은 시장경제 체제 도입 후 하루 세 끼 걱정을 안 하는 나라가 됐지만, 북한 주민들은 여전히 굶주려 있다. 자본주의 시장경제 체제의 대한민국은 세계 10위권의 경제 규모를 자랑하지만, 같은 민족이면서 사회주의 체제를 택한 북한은 전 세계에서 가장 가난한 경제 중 하나다. 우리는 이로부터 "시장경제 체제는 국민을 풍요롭게 만들고, 사회주의 체제는 국민을 가난하게 만든다."는 결론을 이끌어낼 수 있다. 이는 역사적으로 검증된 사실이기도 하다. 그런데도 많은 국민들, 특히 지식인들일수록 자본주의와 시장경제에 대해 의혹의 눈길을 거두지 않고, 정부의 반(反)시장·반기업적인 정책에 우려는커녕 박수를 치는 이유는 무엇일까? 이 장에서는 시장경제에 대한 많은 오해들 중 대표적인 것으로 '소득 격차'와 '사회적'을 살펴본다.

격차와 양극화

시장경제를 부정적으로 보는 것은 많은 경우 시장경제의 본질을 잘못 알고 있기 때문이다.

시장경제를 비판하는 근거 중 가장 대표적인 것이 아마 '격차'일 것이다. 격차는 '불공평' '불균형', 심지어 '양극화'라는 극단적인 이름으로 더 많이 불린다. 이 같은 말들은 하나같이 부정적인 어감을 갖고 있기 때문에, 따져보기도 전에 이미 나쁜 현상이라는 예단을 갖도록 만든다. '자본주의 시장경제는 양극화를 심화시킨다'는 말이 단적인 보기다.

'양극화' '불공평' '불균형' 등 감성 편향적이고 부정적인 용어를 객관적으로 바꾼 것이 '격차'다. 격차 중에서 대표적인 것이 소득 격차다.

양극화는 악마의 언어

한국 사회의 가장 큰 문제가 무엇이냐고 물으면, 많은 사람은 '양극화'라고 대답한다. '소득의 양극화'라는 말이 이미 보편화된 것이다.

'양극화'란 양쪽 극단에 몰렸다는 뜻이다. '소득의 양극화'란 부자 아니면 빈곤층이 절대다수라는 말이다. 과연 그런가? 실제로 우리 사회에서 가장 많은 비중을 차지하는 소득 계층은 중산층 아닌가?

한국인의 소득 분포를 글로벌 연구와 비교해 보면, 우리나라의 소득 격차는 유럽보다는 심하고 미국보다는 양호하다. 특히 미국은 시장경제 국가 중에서도 소득 격차가 크고 심각하기로 악명 높다. 그런 미국에서도 잘 쓰지 않는 '양극화'라는 말이 우리나라에서는 일상어처럼

쓰이고 있다.

공식적으로 '양극화'는 2000년대 초 노무현 정부 때 청와대가 처음 사용한 것으로 돼있다. 양극화는 국민을 분열시키는 용어다. 분열시켜 대립하게 하고, 미움과 질시로 서로 싸우게 하는 용어다. 게다가 우리나라의 소득 분포는 애당초 양극화가 아니다. 중산층이 엄연히, 그것도 상당한 비중으로 존재한다. 그런데도 누군가가 의도적으로 지어낸 양극화라는 틀 속에 우리의 인식은 갇혀 버렸다. 양극화라는 말 때문에 한국이 격차가 심각한 지옥이라는 인식이 생겨나게 했다.

한국에서 양극화는 진실을 억누르는 유령이고, 악마의 언어다. 올바른 용어는 '격차'다.

인류에 격차가 없었던 때는 없었다

현생 인류가 출현한 이래 30만 년 동안 여러 가지 형태의 경제 체제를 거쳐 오늘날의 시장경제 체제로 귀결할 때까지 사람들 사이에 격차가 없었던 적은 없다.

원시 시대와 고대에는 전쟁을 통해 착취하고 빼앗는 질서에서 격차가 생겨났다. 중세 신분 사회에서도 신분에 따른 격차는 당연한 것이었다. '힘'과 '관습'에 의한 이들 체제에서 격차는 진정한 의미에서 양극화였다. 사회주의 체제는 겉보기에 '공평하게 가난'해 보이지만, 당이라는 신귀족이 등장했기 때문에 역시 양극화 수준의 격차가 존재했다. 그런데도 많은 사람들이 격차가 유독 시장경제 체제에서만 발생하는 것이라 오해하고 있다.

가난한 평등이냐, 빈곤 없는 격차냐

소득 격차란 특정 시점에서 파악한 소득 분포 수준이다.

시장경제 체제는 소득을 발생시키므로, 경제는 지속적으로 성장한다. 개인이 좀 더 나은 상태를 위해 행동하고, 그 행동의 결과에 따라 소득이 발생한다. 한 사회 모든 개인의 소득 수준을 비교한 것이 '소득 격차'다. 당연히 소득 격차의 정도는 끊임없이 변화한다.

격차와 함께 살펴봐야 하는 것이 '절대 소득' 수준이다. 시장경제 체제에서는 거의 모든 개인의 소득이 증가한다. 즉, 국민의 절대 소득 수준이 향상된다. 우리나라는 1960년대에 비해 2020년의 절대 소득 수준이 훨씬 높다. 그러나 격차는 60년 전보다 지금이 더 크다. 1960년대엔 거의 모든 국민이 절대적으로 가난했으니 격차도 적었다. 그렇다고 그때가 더 바람직한 사회라고 얘기하는 사람은 없다. 경제가 발전하면서 거의 모든 사람의 절대 소득이 증가하는 한, 격차는 심각한 문제가 아니다.

모든 개인의 소득이 함께 증가할 때, 격차도 더 벌어지는 것이

슈퍼
리치를
털어라
와 와
부자
증세!
와
와
부자=
적폐

요즘 대한민국 풍경 서인

자연스럽다. 예를 들어보자. 어떤 기업에서 2019년에 부장은 연봉으로 6,000만 원을 받았고 평사원은 2,500만 원을 받았다. '하후상박' 원칙에 따라 2020년에 부장 연봉은 5퍼센트가 올라 6,300만 원이 되었고, 사원 연봉은 10퍼센트가 올라 2,750만 원이 되었다. 부장과 사원 모두 절대 소득이 증가했고, 동시에 둘 사이의 격차도 3,500만원에서 3,550만 원으로 늘어났다. 이 회사의 임금 정책은 격차를 늘렸으므로 정의롭지 못한가? 거꾸로, 실적 부진을 이유로 부장과 사원 모두 연봉이 10퍼센트씩 깎여 5,400만 원, 2,250만 원이 되고, 덕분에 격차도 3,150만 원으로 줄어들었다면, 격차를 줄였으므로 더 정의로운 임금 정책이라 할 수 있을까?

인류는 지구상에 존재한 지난 시간 대부분을 배고프게 살아왔다. 인류의 대부분이 굶주림에서 해방된 것은 20세기 후반부터다. 우리나라 일반 국민이 끼니 걱정을 안 하게 된 것은 대략 1970년대부터다. 보편적으로 가난하던 시절에는 소득 격차도 그리 심하지 않았을 것이다. 그러나 시장경제 체제를 채택한 대부분 국가에서 배고픔의 문제를 해결하자, 격차는 더 벌어졌다. '가난한 평등'과 '빈곤 없는 격차', 어느 쪽이 인류의 삶을 더 윤택하게 했는가?

격차를 강제로 없애면 성장은 멈춘다

한 나라에서 가장 부자인 사람만 소득이 급격히 늘어나면 그 나라의 소득 격차는 악화된다. 소득이 감소한 사람이 아무도 없어도 격차는 벌어진다. 부장과 사원의 연봉 예에서처럼, 모두의 소득이 골고루 증가할 때는 격차도 자연히 더 벌어진다. 중요한 것은 격차가 아니라 소득 수준이다.

가상의 예로, 빌 게이츠가 한국에 귀화 신청을 하는 것은 한국에 이로울까 해로울까? 빌 게이츠가 한국 국민이 되고 그가 가진 자본으로 한국에서 사업을 벌인다면 수많은 사람을 고용하게 될 것이고, 법인세와 소득세도 많이 낼 것이다. 한국의 소득 수준은 전반적으로 더 높아질 것이고, 자연히 소득 격차도 더 벌어질 것이다. 이처럼 소득 격차는 소득 수준이 늘어나는 과정에서 자연스럽게 나타나는 현상일 뿐이다. A의 소득 증가가 B의 소득 감소를 유발한 것이 아니라면, 격차는 문제가 아니다. 내가 이미 더 부자가 되었는데, 다른 사람이 더 큰 부자가 된 걸 배아파해야 할 이유가 없는 것이다. 그러나 만약 격차가 나쁜 것이고 격차만이 중요하다면, 우리나라는 빌 게이츠의 귀화를 받아들여서는 안 될 것이다. 세계에서 가장 부자인 그가 한국 국민이 되는 순간 한국의 소득 격차는 순식간에 역대 최악이 될 것이기 때문이다.

많은 경우 정부는 소득 격차를 심각한 사회 문제인 것처럼 유도하는 경향이 있다. 그래서 소득 격차를 줄이는 정책은 전반적으로 인기가 있다. 대표적인 것이 누진세와 보편적 복지다.

누진세는 소득이 많은 사람일수록 세율도 높아지는 세금 구조다. 똑같은 세율이라도 소득이 높은 사람은 절대적으로 더 많은 세금을 내는데, 여기에 세율까지 높여서 더 많은 세금을 내게 하는 것이다. 전기 요금도 누진 구조다. 전력을 많이 쓸수록 전기 요금 단가가 높아진다. 누진 구조는 그 행위를 억제하는 효과가 있다. 전기료 누진제는 전기 사용을 억제하고, 소득세 누진제는 소득을 창출하는 경제 행위를 억제한다. 법인세도 누진제다. 법인세 누진제는 이윤을 창출하려는 법인 기업의 경제 활동을 위축시킨다. 극단적인 누진세로 세율 100퍼센트가 되는 순간, 아무도 일하려 하지 않을 것이다.

기업은 국가 경제의 핵심이다. 국가가 발전하려면 기업이 활발하게 투자하고 혁신하는 경제 활동을 장려해야 한다. 누진세는 기업의 이윤이 높을수록 포상은커녕 벌을 주는 제도다. 격차를 죄악시해 격차를 줄이려는 누진세는 경제 성장의 장애물이다.

보편적 복지도 마찬가지다. 빈곤 계층이 기본적인 생활을 영위하도록 정부가 돕는 '선별적 복지'는 바람직한 정책이지만, 소득 수준을 묻지 않고 노인·영유아·청년 등으로 복지 수혜 계층을 확대하면, 수혜 계층은 열심히 일할 동기가 줄어들고, 고소득자와 기업은 더 많은 세금

부담을 져야 하므로 경제 활동 의욕을 상실한다. 국민은 일하지 않으려 하고 기업은 문을 닫거나 외국으로 빠져나간다면 그 나라 경제는 퇴보할 수밖에 없다.

격차는 착취의 결과가 아니다

소득 격차를 말해주는 통계 지표는 매년 발표된다. 작년보다 올해의 소득 격차가 더 악화됐다는 통계가 나오기만 하면 많은 사람들이 열을 올린다. 특히 상위 1퍼센트의 소득 점유율이 늘어나거나 중산층(중위 소득의 50~150퍼센트 구간)의 소득 점유율이 낮아지면, 부자가 서민의 몫을 빼앗아갔다고 흥분하기도 한다.

그러나 소득 수준의 전반적인 향상으로 인한 소득 격차 증가는 부자가 서민들의 소득을 착취한 결과가 아니다. 경제가 발전해 부자의 소득이 100퍼센트 증가하고 나머지 사람들의 소득은 10퍼센트 증가에 그쳤다손쳐도, 소득이 감소해 불행한 사람은 한 사람도 없다. 이때 부자들의 증가한 소득 100퍼센트는 그들이 자본 소득(이자)이나 경제 활동으로 벌어들인 것이지, 서민층으로부터 착취한 것이 아니다.

그래서 소득 격차 추이를 살필 때는 격차뿐만 아니라 소득 수준의 추이까지 함께 봐야 한다. 만약 소득 수준 향상 없이 소득 격차 지표가 악화됐다면 심각한 문제다. 그러나 소득 수준 향상과 동시에 격차가 확대됐다면 이것은 새로이 창출된 부가 가치의 배분에 따른 자연스러운 결과이지 결코 착취의 결과가 아니다.

조선 시대는 신분 사회였고, 신분을 간단히 '사농공상'으로 표현할 수 있었다. 오늘날 국가 경제의 안목으로 보면, 최고 신분 계층인 양반

??
내돈...
₩
내가 번돈이 노숙자의 돈을
뺏어온 것이 아니듯

??
내돈...
₩
부자들 역시 내돈을
뺏어간 것이 아니다

선비가 GDP 증가에 기여하는 몫은 전혀 없다시피 했다. 양반의 부는 백성들로부터 이전된 것이었고, 많은 경우 착취한 것이었다. 조선 시대는 경제적으로 건강하지 않은 시대였다. 조선 말기는 더욱 심했고, 일제 강점기에는 조선인의 부를 일본인이 착취한다는 느낌도 있었다('느낌'이라고 하는 것은, 실상이 어떠했는가에 대해 상반된 견해들이 있기 때문이다). 우리는 이런 역사적 과정의 연장선상에서 부자를 곱지 않은 눈으로 보는 것은 아닐까?

오늘날 한국의 최고 부자들은 대부분 대기업군을 거느린 재벌 소유주 일가다. 재벌의 부는 조선 시대 양반들과 달리 백성(국민)들로부터 착취한 것이 아니고 스스로 창출한 것이다. 국내뿐 아니라 외국에도 상품을 팔아서 새롭게 부를 창출한 노력의 결과다. 게다가 대부분의 재벌 대기업은 물려받은 재산을 갖고 출발한 것이 아니라 남들처럼 가난한 가운데 맨주먹으로 출발해 오늘의 재벌을 일구었다. 오늘날 부자인 재벌과 조선 시대 부자인 양반은 부를 축적한 과정도, 국가 경제에 기여한 몫도 확연히 다르다.

퇴치할 건 빈곤이지 격차가 아니다

소득 분포는 개인들의 각자 열심히 경제 활동을 한 결과를 특정 시점에서 나타낸 지표일 뿐이다. 경제 자유를 향유하면서 더 나은 자신을 위해 행동하고, 그 결과 각 개인의 달라진 소득 수준을 한데 모은 것이 소득 분포 지표다. 공화제 민주 국가는 공동체의 성격도 띠기 때문에, 시장에서 낙오해 소득 활동을 하지 못하는 국민의 최저 생활은 정부가 배려해서 보장해야 하기도 한다. 그것이 복지 정책이다. 복지는 기본적으로 저소득층을 위한 정책이다. 정부는 저소득층을 겨냥한 선별적 복지만 강구하면 되지, 부유층의 소득 수준에 관심을 갖고 이래라 저래라 할 필요가 없다.

그러나 우리는 빈곤과 소득 격차를 자주 혼동한다. 즉, 소득 격차가 확대된 것을 빈곤의 확대로 오해한다. 그러나 앞에서 반복해서 보았듯 빈곤과 소득 격차는 완전히 다른 범주에 속한다. 소득 격차가 더 벌어지면서도 빈곤은 감소할 수 있다. 미래에 부유층은 자가용 비행기를 타고 소득 하위 10퍼센트는 모두 중형 승용차를 가진다면, 소득 격차는 벌어졌지만 빈곤층은 존재하지 않는다. 거꾸로, 모든 사람의 소득이 현저하게 떨어지면 소득 격차는 줄어들지만 빈곤층도 늘어난다.

결론적으로 소득 격차와 빈곤은 서로 무관한 현상이다. 함께 놓고 생각하면 오히려 착시나 불러일으키기 일쑤다. 정부가 관심을 가져야 하는 현상은 소득 격차가 아니라 빈곤이다. 소득 격차를 줄이는 일보다 빈곤층을 위한 복지 정책, 나아가 빈곤의 퇴치를 위해 힘을 쏟아야 한다.

20년을 꼬박 일해도
마이고흐 롤스롤스 한대도
못굴리는 더러운 세상...
?
징~
징~
징~
없어도 아무
상관도 없는
사치품을
못사서 서럽다니
그게 뭔소리야

절대적 빈곤, 상대적 빈곤

빈곤이란 무엇인가? 일반적으로 빈곤이란 인간다운 생활을 할 수 있는 소득 수준에 미달하는 경우다. 그래서 빈곤은 절대적인 기준이 존재할 수 있다. 예를 들면 4인 가족의 경우에는 150만 원 등의 구체적인 금액으로 절대적 기준을 제시한다. 이런 기준으로 보면 빈곤은 경제 성장을 통해 퇴치할 수 있다. 모든 사람의 소득이 증가하면, 빈곤층 사람도 언젠가는 빈곤에서 빠져나올 수 있다. 물론 일할 수 없는 신체적 조건을 가진 경우에는 예외다.

그러나 좌파적 사고를 가진 그룹에선 빈곤을 다르게 정의한다. '상대적 빈곤'이 그것이다. 빈곤을 상대적으로 보고, 부자 소득 혹은 평균 소득의 몇 퍼센트 이하이면 빈곤으로 정의하는 것이다.

이렇게 정의하면 아무리 경제가 발전하고 전체 국민들의 삶의 수준이 높아져도 빈곤은 없어지지 않는다. 오히려 부자들이 더 부자가 될수록 상대적 빈곤은 높아진다. 상대적 빈곤으로 빈곤을 정의하면, 앞으로 경제가 아무리 발전하고 모든 사람의 소득이 지금보다 10배 높아진다 해도 빈곤은 존재하고, 오히려 더 악화될 수 있다. '상대적 빈곤'이라는 기준은 무서운 사회적 분열을 야기하기에 충분히 선동적이다. 인간이 노력해도 영원히 퇴치할 수 없는 상대적 빈곤이라는 개념은 반사회적이며 반경제적이고 대립과 분열을 야기한다.

모든 사람은 빈곤층에 속하는 것을 싫어한다. 경제가 발전하게 되면 절대적 빈곤 계층은 점차 줄어든다. 물론 육체적으로 일할 수 없는 사람은 빈곤층에 있을 수밖에 없고, 정부의 복지 정책은 이런 사람을 대상으로 해야 한다.

복지는 가난이 증명된 곳으로 가야
가장 효율적이고 건강합니다
₩
가난을 증명할 필요가 없는 나라는
다같이 가난한 나라밖에 없습니다

그러나 어느 정도의 빈곤은 사회 구성원들에게 바람직한 긴장을 조성하는 역할을 한다. 대학에 F 학점이 있는 것은 수강생들에게 열심히 공부하게 하는 유인책이다. 모든 수강생에게 A 학점을 주면, 모든 수강생은 공부하지 않는다. 반면 F 학점이 있음으로 인해 수강생들이 최소한의 공부를 하게 하는 역할을 한다. 빈곤도 마찬가지다. 모든 사람이 빈곤을 싫어하지만, 최소한의 경제 활동을 하지 않으면 빈곤에 빠질 수 있다는 메시지를 사회 구성원들에게 줌으로써 열심히 일하는 분위기를 만들 수 있다.

사익과 공익, 이기주의와 이타주의

자신의 이익을 추구하는 것을 '사익' '이기주의'라 하고, 자신이 아닌 타인을 위한 행동을 '공익' '이타주의'라고 한다. 우리 의식에는 사익과 이기주의는 나쁜 것이고 공익과 이타주의는 좋은 것이라는 생각이 뿌리 깊게 스며들어 있다. 가정과 학교의 도덕 교육도 사익과 이기주의는 나쁜 것이니 공익과 이타주의를 추구해야 한다는 쪽으로 흐른다.

시장경제의 핵심은 사익

시장경제 체제는 인류 역사에서 그리 오래된 경제 체제가 아니다. 시장경제 체제의 핵심 사상은 사익을 새롭게 해석한 것이다. 이것을 이론적으로 정리한 사람이 영국의 애덤 스미스다. 그전까지는 사익과 공익을 서로 대치되는 개념으로 봤다. 그러나 애덤 스미스는 사익을 추구하는 것이 인간의 본성이라는 것을 인정하고, 인간 개개인은 사익을 추구하지만 그 결과는 동물 세계 같은 약탈적 사회가 아니라 조화롭게 전체의 공익을 증대시킨다는 획기적인 사고의 전환을 이룩했다. 사익 추구가 공익을 증대한다는 애덤 스미스의 사상은 어쩌면 인류 사상사에서 가장 혁명적인 생각일지도 모른다.

스미스는 이것을 빵집 주인을 보기로 들어 설명했다. 유럽에는 동네마다 있는 빵집은 새벽부터 가게 문을 열고 열심히 빵을 굽기 시작한다. 새벽에 일어나기 싫어하는 것이 대다수 인간의 본성인데, 빵집 주인은 왜 남들이 싫어하는 그 일을 할까? 모두가 일찍 일어나서 빵을 구우려면 불행하므로 자기가 지역민의 공익을 위해 희생하는 걸까? 그렇지 않다는 것이 스미스의 통찰이다. 빵집 주인이 새벽부터 열심히 일하고, 심지어 더 맛있는 빵을 더 싼값에 내놓으려고 하는 이유는 단 하나, 돈을 벌기 위해서다. 그러나 이기심에서 나온 빵집 주인의 행동은 결과적으로 맛있는 새 빵을 이른아침부터 먹을 수 있다는 지역민의 공익을 충족시켜주었다. 가장 이기적인 행동이 가장 공익에 부합하는 결과를 낸 것임을 스미스는 간파했다.

사익 추구는 인간의 본성이므로, 누구의 계획도 필요치 않다. 경제 자유만 무제한으로 주면 국가 경제는 발전한다는 원리다. 사익은 이제 나쁜 욕심이 아니고, 도덕적으로 억눌러야 할 감정도 아니다. 자신의 이익을 위해 사는 것은 자신에 충실할 뿐만 아니라 공익에도 기여한다. 그래서 사익 추구 행위를 존중하는 사회에서만이 경제는 발전할 수 있다. 심지어 스미스는 "공익을 위해서 산다고 말하는 사람은 많지만, 실제로 공익을 위해 사는 사람은 한 번도 보지 못했다."고까지 한다.

'사익이 곧 공익'이라는 애덤 스미스의 사상은 시장경제 체제의 기본 원리가 됐고, 이후 영국을 비롯한 서유럽 국가들이 경제 발전을 이루는 자양분이 됐다. 당장 영국이 단시간에 전 세계에서 가장 부강한 국가가 됐다.

한 나라가 잘살고 못살고는 그 나라 경제의 주류 사상이 무엇인가에 따라 결정된다. 사익을 추구하는 것은 인간 본능이다. 국가는 그 본능에 충실하게끔 개인의 소유권만 보호해주면 된다. 그것이 국가의 가장 중요한 역할이고 사명이다. 나머지는 '보이지 않는 손'이 알아서 한다. 그 보이지 않는 손이 시장이다. 국가가 소유권 보호도 하지 못하면서 시장에나 개입하는 것은 잘못된 길을 걷는 것이다.

경제 발전은 국가가 하는 것이 아니라 개인이 한다. 국가는 개인의 소유권만 완벽하게 보호해주면 개인들은 더 열심히 일해서 더 많은 돈을 번다. 개인의 발전을 합한 것이 국가의 경제 발전이다. 시장경제 체제에서는 개인이 부자가 되는 것이 곧 부자 나라를 만드는 길이다. 이처럼 국가의 경제 수준은 사상에 따라 결정되는 것이다. 부자 나라에는 부자가 되는 사상이 있다.

사익을 추구함으로써 이타적이 된다

조선은 가난한 나라였다. 가난한 나라에는 가난하게 하는 사상이 있다. 조선의 사상은 성리학이다. 성리학은 사익을 인간의 길이 아닌 짐승 같은 천한 행동으로 보고 철저히 배격했다. 사농공상 신분 체계도 공익 추구 집단과 사익 추구 집단으로 단순화된다. 최고 계층인 '사(선비)'는 공익만을 추구하는 집단이고, 그다음 '농(농민)'과 '공(수공업자)'으로 내려오며 사익 비중이 늘어나며, 마지막 '상(상인)'은 사익만을 추구하는 사악한 집단이다.

상업이 농업이나 공업보다 사악한 이유는 이렇다. 농민은 땅에서 이로운 식품을 생산하고, 수공업자는 천하기는 하지만 자기 노동을 들여 쓸모 있는 물건을 만들어낸다. 상인이란 이쪽에서 남는 물건을 저쪽 부족한 곳에 공급해주는 사람이다. 그렇다면 남의 곤경을 해결해주는 것인데 왜 사악한가? 남의 곤경을 해결해주는 일은 사람이라면 마땅히 해야 할 일인데, 상인은 그 마땅히 할 일을 하면서 이문(이윤)을 남기니 사악하다는 것이다. 상인이 자기 노동력을 들여 남에게 편익을 제공한 정당한 대가가 이윤인데, 그것을 부당한 속임수라고 본 것이다. "장사꾼은 제 부모도 속인다."는 모멸적인 말이 그래서 나왔다. 그래서 상인은 천민 집단 빼고는 가장 천한 인간이었으며, 반면에 선비는 공익만을 추구하는 고고한 신분이라고 스스로 추켜세우며 농·공·상 위에 군림했다.

그러나 현대적 의미로 볼 때, 양반은 새로운 부가 가치를 창출하지 않고 공익이라는 공허한 개념을 가지고 사상 놀이나 하며 놀고먹는 집단이다. 부가 가치를 창출한 것은 농·공·상, 그중에서도 '거래'를 원활하게 하는 상인이었다. 이러한 백성들의 경제 활동을 천시한 조선의 사상은 가난하게 하는 사상이었고, 따라서 조선은 가난할 수밖에 없었다. 이는 결과적으로 백성들에게서 나라를 지키려는 의지와 희생 정신까지 빼앗아가 조선이 망하는 계기가 됐다. 약육강식의 19세기에 양반은 빼앗고 백성은 빼앗기지 않으려는 사회, 아무도 국가를 지키려고 하지 않는 사회가 망하지 않는다면 그것이 되레 이상했을 것이다.

의식과 욕망의 괴리

고등학교나 대학에서 가르치는 선생님들의 경험담이다. 수업 중 학생들에게 질문을 한다. "사익과 공익 중에서 어느 쪽이 더 소중한가?"

대부분의 학생은 공익이 더 소중하다고 대답한다. 다음 질문을 한다. "너는 공익을 위해 사는가, 사익을 위해 사는가?"

대부분의 학생은 사익을 위해 산다고 대답한다. 공익이 더 소중하다고 말하면서 실제 삶에서는 사익을 추구하는 것, 여기에 인식과 행동의 심각한 부조화가 있다.

인간은 본인이 가장 소중하다고 생각하는 방향으로 제 인생을 계획할 자유가 있다. 그런 선택을 통해 자신이 행복해진다. 만약 공익을 소중하게 생각한다면 공익을 위해 살아야 할 텐데 실제 삶에서는 사익을 추구한다면, 그 사람의 인식과 행동 둘 중에 하나는 잘못된 것이다. 공익을 사익보다 높게 평가하는 '인식'이 잘못일까, 아니면 사익을 추구하는 '행동'이 잘못일까? 어느 쪽을 바로잡아야 할까?

사익 추구가 인간의 본성이라면, 사익과 공익에 대한 '인식'이 틀렸다. 우리의 인식이 사익을 멸시하고 공익을 내세우는 조선 시대의 사상 체계에서 아직까지 헤어나지 못하고 있기 때문이다. 몸은 21세기 발전한 시장경제 체제를 가진 국가에서 살고 있으면서, 의식은 19세기를 벗어나지 못하고 있는 것이다.

'사회적' 책임이란 무책임

인간은 무엇을 위해 사는가? 도덕을 포함한 인간의 제도는 무엇을 위해 존재하는가?

궁극적으로 인간 삶의 목적은 '생존과 번식'이다. 이것은 인간의 본능이다. 생존은 자신을 위하는 행동이 기본이다. 개인의 행동은 생존을 위한 것이고, 그것은 이기적일 수밖에 없다. 이기적 행동은 반드시 규범을 어기고 남을 해쳐가며 자기 이익만 챙긴다는 뜻이 아니다. 도덕과 법 같은 규범의 테두리 안에서 얼마든지 이기적으로 행동하면서 결과적으로 공익에 기여할 수 있다. 이것을 가능케 하는 체제가 시장경제 체제다.

반면 이타주의는 남을 위해 본인이 희생하는 것이다. 인간의 본능에 이기주의는 있어도 이타주의는 없다. 인간 삶의 목적이 생존이라는 것을 인정한다면, 이기주의를 인간 본성으로 인정해야 한다. 인간 본성을 거스르고서 성공한 사상과 체제는 인류 역사상 없다.

애덤 스미스가 빵집 주인을 예로 들어 잘 설명했듯이, 우리는 사익을 추구함으로써 얼마든지 이타적인 결과를 낼 수 있다. 기업의 기부 행위가 설령 이미지 메이킹을 통해 더 많은 이윤을 창출하기 위한 것이라 해도, 기부의 결과는 틀림없이 이타적이다. 법을 어기고 남을 해치고 남의 것을 빼앗는 게 아닌 한, 이런 건강한 이기심을 스스로 죄스럽게 여기거나 사회적으로 억누를 이유가 없다.

오히려 나쁜 것은 '강요된 이타주의'와 '선한 동기, 잔혹한 결과'다. 강요된 이타주의는 개인과 기업의 경제 활동 의지를 꺾음으로써 사회 발전을 저해한다. 정부의 개입 같은 '선한 동기'는 사람들을 더 불행하게 하는 '잔혹한 결과'를 낳기 일쑤임을 앞에서 누누이 보았다. 인류 역사를 보아도, 이타주의가 강요되고 선한 동기만 강조하는 사회에서는 발전이 없었다. 종교가 지배한 유럽의 중세와, 실패한 사회주의가 그 생생한 실례다.

'사회적'이라는 유령

시장경제를 폄훼하려는 진영에서 또 하나 많이 구사하는 전략적으로 왜곡된 용어가 '사회적'이다.

'사회적'은 흔히 명사와 함께 쓰인다. '사회적 경제' '사회적 기업' '사회적 책임' '사회적 정의' '사회적 타협' '사회적 약자' 등이다. '사회적' 이란 수식어가 앞에 붙으면 뒤의 명사는 그 본래 의미가 퇴색돼버린다.

오늘날 대부분 국가의 경제 체제는 시장경제이지만, '사회적 경제'라고 하면 시장경제를 대체할 무엇인가가 존재하는 것만 같은 착각을 일으킨다. 경제 체제엔 사회적이란 수식은 필요 없다. 한때 시장경제를 대체하는 사회주의 경제 체제가 있기는 했다. '사회적 경제'가 꼭 사회주의를 뜻하는 건 아니지만, 내용은 다분히 사회주의적이다. 이미 역사의 뒤안길로 사라진 '사회주의' 대신에 '사회적 경제'라는 용어를 써서 사회주의를 다시 전파하려는 의도다.

'사회적 기업'도 마찬가지다. 기업은 이윤을 추구하는 조직이다. 여기에 '사회적'이라는 수식을 붙이면 기업의 본질이 왜곡된다. '사회적 기업'은 이윤을 악으로 간주하고, 마치 이윤을 추구하지 않는 기업이 존재할 수 있다는 착각을 불러일으킨다. 기업은 이윤 없이 존재할 수 없는 것인데도 이른바 '사회적 기업'이 이윤 없이 존재하는 것처럼 보이는 것은, 정부가 세금으로 그 기업을 지원하기 때문이다. 사실상 공기업이다. 그것을 굳이 '사회적 기업'으로 부름으로써 사기업·공기업 외 제3의 새로운 형태의 기업이 존재하는 것처럼 포장하여 국민 세금을 퍼붓는 것을 정당화하려는 전략이다. 이윤을 추구하지 않으면서 경제 활동을 하는 조직을 일컫는 말로 비영리 법인·공익 법인 등이 이미 존재한다. 그런데도 굳이 '사회적 기업'이라는 말을 써서 기업에 대한 인식을 왜곡시킨다.

'사회적 책임'이라는 말도 책임의 참뜻을 왜곡시킨다. 책임은 너의 책임, 나의 책임, 소유자 책임같이 책임의 주체가 명확하게 규명돼야 한다. 그러나 '사회적'이라는 수식을 달면 그 책임이 모든 사람의 것이 돼버린다. 알다시피 모두의 책임은 아무의 책임도 아니다. '사회적 책임'은 문제 해결에 아무런 도움이 되지 않는다. 그리고 사회적 책임은 결과적으로 정부의 책임으로 돌아가므로, 정부의 역할을 확대하려는 선동용 용어가 될 뿐이다.

이처럼 '사회적'이라는 말은 뒤따르는 명사의 본질을 왜곡시키므로, 그 부작용을 인식하고 조심스럽게 해석해야 한다.

서민만을 위한 경제란 없다

정치권에서는 또 시장경제를 집단별로 나누어 마치 '그들만의 경제'가 따로 있는 듯한 혼선을 불러일으킨다. 대표적인 예가 '서민 경제' '청년 경제' '노인 경제' 등이다. 특히 정치권은 여·야 할 것 없이 모두 '서민 경제'를 위한다고 선전한다. 서민을 위한 경제 체계를 만들겠다는 말이다.

서민은 명확한 정의는 없고, 대체로는 부유층을 제외한 나머지 계층쯤 된다. 아마 대부분의 국민은 스스로를 서민 계층으로 인식하고 있을 것이다. 정치인은 국민 대다수를 차지하는 이 서민 집단을 제 편으로 만들면 정치 경쟁에서 이긴다. 그래서 만들어낸 용어가 '서민 경제'다.

그러나 서민만을 위한 경제는 따로 존재하지 않는다. 시장경제는 그 안의 모든 개인과 기업이 서로 연결돼 움직이는 유기체와 같다. 특정 개인이나 집단만 따로 떼내 독자적으로 존재하는 경제란 없다. 시장경제에서 유효한 집단 구분은 '수요자'와 '공급자'뿐이다. 그때그때 거래에서 수요자 아니면 공급자로 구분되는 집단이 있을 뿐, 그 밖의 집단만으로 구분되는 경제, 심지어 그 집단(서민·청년……)만 일방적으로 이득을 보는 경제는 없다. 서민이나 청년 같은 특정 집단만 혜택을 보는 경제가 있다면 그것은 정상적으로 작동하는 시장경제가 아니라, 정부의 지원이 만들어낸 착시에 불과하다.

시장경제 속 경제 주체 간의 관계는 한마디로 '누군가의 소득은 다른 누군가의 지출'이라는 말로 정리할 수 있다. 서민에게 혜택이 가는 경제가 작동하기 위해서는 부자들이 소비를 해야 한다. 그래야 서민의 소득도 증가한다. 서민을 위한다는 미명으로 부자들에게 세금을 많이 부과하면 오히려 부자는 국내 소비를 줄이고 해외 소비를 늘린다. 이것은 결과적으로 국내의 서민 계층을 경제적으로 더 어렵게 만들 뿐이다.

경제는 시장 안에 있는 모든 사람에게 이익을 주는 것이지, 특정인만 이익을 보는 경제란 애시당초 성립할 수 없다. 경제는 전체로서만 작동할 뿐, 부분만 따로 떼내서는 절대로 작동하지 않기 때문이다. '서민 경제' '청년 경제' '노인 경제'는 정치적 슬로건에 불과하다. 경제를 이해하지 못하는 머리 나쁜 정치인, 경제를 이해하려 하지 않는 마음 나쁜 정치인들이 이들 계층만을 위한 정책을 만들면 만들수록 이들 계층의 경제 사정은 더 나빠질 것이다.

결론적으로 '서민 경제' '청년 경제'는 정치적 슬로건일 뿐이다. 경제적으론 절대 성립할 수 없는 '찢어진 경제'다.

정부는 경제를 성장시킬 수 없다

정부가 재정 지출을 확대하면 경제가 성장한다는 믿음이 널리 퍼져 있다. 이러한 믿음의 배경에는 케인스 이론이 있다.

케인스 이론은 미국의 대공황이라는 특수한 상황을 배경으로 등장했다. 정부가 세입 수준을 초과해 지출을 확대하고, 대규모 사회 간접자본(SOC)에 투자함으로써 민간 수요를 진작시켜 대공황을 극복하고 경제 성장의 길로 돌아섰다는 해석이다. 그러나 이는 매우 단순한 논리로, 여러 가지 측면에서 비판을 받고 있다. 실제로 미국의 뉴딜 정책과 같은 정부 개입은 자생적 경제 순환 기능을 악화시켜 대공황 기간을 더 연장시키고 국민들의 고통도 길어졌다는 분석이 있다.

정부 주도 성장의 허구성

정부 지출 확대가 경제 성장으로 이어질 수 있다는 논리는 경제 원리를 조금만 들여다봐도 허구임을 알아차릴 수 있다.

경제에서 모든 비용은 기회비용으로 나타낼 수 있다. 정부 지출을 늘린다는 것은 정부가 민간으로부터 세금을 더 거둔다는 것이고, 민간은 추가로 부담한 세금만큼 다른 부문에 소비하거나 투자할 기회를 잃어버렸다는 뜻이다. 그 기회비용을 고려하면, 정부 지출의 경제적 파급효과는 대부분 과장된 것이다.

유명한 '깨진 유리창'의 비유가 그 허구성을 잘 보여준다. 누군가가 유리창을 깨면, 유리장이의 소득이 늘어나서 빵을 더 사먹을 수 있다.

그러면 빵집 주인의 소득이 늘어나서 또 다른 품목의 소비 지출 증가로 이어진다. 이런 과정이 무한히 반복됨으로써 경제 규모가 커지고 모든 사람의 소득이 증가한다. 그러므로 누군가 돌을 던져 창문을 깨면 그것은 경제를 발전시키는 선한 행위가 된다.

얼핏 그럴듯해 보이지만, 기회비용을 생각하면 허점이 금세 드러난다. 집 창문이 깨지지 않았다면 집 주인은 유리 값에 지불할 돈으로 본래 원하던 상품을 구매할 것이고, 이후에 꼭 같은 순환이 일어난다. 이때 집 주인의 만족도는 원래 선택한 상품을 구입할 때와 깨진 유리창을 할 수 없이 갈아 끼울 때, 어느 쪽이 더 높을까? 당연히 원래 선택한 상품을 구입할 때다. 그러므로 누군가가 창문 유리를 깸으로써, 집 주인의 행복감은 그만큼 줄어들었다.

유리창뿐만 아니라 모든 지출에는 연쇄 반응 효과가 있다. 이런 논리를 정부 지출로 확대해보자. 정부 지출은 단기적으로 경제 성장 효과를 나타낸다. 하지만 이것은 민간이 원래 자유롭게 지출할 수 있었던 돈을 세금으로 빼앗아감으로써 자유로운 선택을 침해한 것이다. 연쇄 반응에 따른 만족도는 물론이고, 경제 성장에 미치는 효과도 당연히 자유로운 선택을 통한 지출 쪽이 세금이라는 강제 지출보다 훨씬 클 것이다.

돈을 풀고 보는 게 정부의 본성

정부는 재정 확대를 원한다. 재정 지출을 확대하려는 근본적인 이유는 정치적 인기를 얻기 위한 것이다. 즉, 국민 세금으로 '표'를 사는 행위다. 이러한 욕망을 뒷받침해주는 논리가 케인스 이론이다.

예산을 많이 쓰려는 정부와 가급적 많은 경제적 지원을 받고 싶어하는 유권자는 서로 이해관계가 일치한다. 그래서 예산 규모는 경제 성장 수준과 관계없이 더 빠른 속도로 늘어나고, 세입 규모와 관계없이 재정 지출을 더 늘려서 재정 적자로 가려는 경향이 있다. 예산은 1년에 한 번씩 국회의 동의를 얻어 결정되지만, 예산을 편성한 이후에도 국가의 위기 때 활용할 수 있는 '추가 경정 예산'을 최대한 활용하려고 한다.

임기가 있는 정권은 모든 가용한 정부 자원을 활용해서 국민에게 돈을 뿌리는 것이 정권 재창출에 유리하므로, 정부 지출은 본질적으로 팽창할 수밖에 없다. 이는 정도의 차이는 있어도 모든 정권이 공통적으로 추진하는 방향이다. 현대의 정부는 구약성서에 나오는 괴물 리바이어던과 같다. 모든 걸 집어삼켜 무조건 덩치만 키우려는 리바이어던적 속성이 정부의 감춰진 본질이다.

국민이 부담할 수 있는 수준으로 정부의 재정을 억제하는 일을 정치인들의 선의에만 맡길 수는 없다. 정치인들은 정권의 획득과 연장을 위해서라면 무슨 일이라도 할 준비가 돼있는 집단이므로 자발적인 행동 변화를 기대해선 안 된다. 재정 확대를 금지하는 것을 '세입 내 세출 원칙' 같은 형태로 헌법이나 법률에 구체적으로 못 박아놔야 한다. 그러면 경제 위기 때 재정 확대라는 정책 수단을 활용할 수 없다는 문제를 제기할 수 있다. 그러나 우리나라는 재정 확대를 통한 단기 효과보다 그로 인한 장기적인 위기가 더 우려되는 나라다. 지금의 정치 수준에서는 재정 확대를 금지함으로써 발생하는 사회적 비용보다 재정 확대를 허용함으로써 발생하는 사회적 비용이 훨씬 더 크기 때문이다.

인간은 내돈을 나를위해 쓸 때 가장 신중하고 합리적이다.
으으... 살까말까 고민고민 끙끙
이정도면 좋아하겠지? 내가 쓸것도 아니고 뭐
주세요
그 다음은 내돈을 남을위해 쓸 때이고
남의 돈을 나를위해 쓸 때 비합리적인 소비가 나오기 시작하며
오늘은 법카다!
막시켜 다시켜
원하는 것은 다해드림!
남의 돈을 남을위해 쓸 때 가장 비합리적이 된다.

정부는 작을수록 좋다

정부의 지출은 세금으로 충당된다. 정부는 복지 등 중요한 지출이 필요할 때마다 세금 인상이라는 손쉬운 방법에 의지한다. 그러나 세금은 언제나 세금 액수보다 큰 기회비용을 야기한다. 10조 원의 세금을 민간에서 거둬들이면 그만큼 민간의 경제 활동 의욕을 떨어뜨릴 뿐이다. 이러한 행동 변화를 금액으로 환산하면, 세금액의 20~150퍼센트나 되는 눈에 보이지 않는 비용이 발생한다. 50퍼센트라고 하면, 정부가 10조 원 세금을 거두면 실제로 우리 사회가 부담하는 총 비용은 15조 원이 된다. 5조 원만큼의 성장 기회를 잃어버린다는 얘기다. 또 복지 지출은 수혜자 국민의 일하는 의욕을 떨어뜨린다. 이 역시 사회적으로 낭비 요인이 된다. 결국 정부는 10조 원으로 5조 원 미만의 효과밖에 거두지 못한다. 이처럼 정부 지출은 언제나 지출보다 비용이 큰, 비싼 정책 수단이다.

그렇기 때문에 시장경제 체제에서 정부는 가능한 한 작아야 한다. 정부가 크다고 해서 경제가 발전하는 게 아니다. 사실은 정반대로, 정부가 작을수록 민간의 자발적인 경제 의욕을 더 고취시켜 경제 발전에 도움이 된다.

그러나 정부는 언제나 많은 일을 하려고 하고, 그 속셈을 감추기 위해 '공익'이니 '국민을 위한 경제'니 하는 수식어를 남발한다. 화려한 수사를 구사해가며 정부가 일을 많이 할수록 경제는 더 악화될 뿐이다. 정부라는 '배고픈 리바이어던'을 잠재울 수 있는 유일한 방법은 논리와 설득이 아니라 굶기는 것이다. 재정을 확대하려고 해도 세금 이내로 몸집을 유지하게끔 법으로 강제하는 것이 그것이다.

청년수당을 내놔!
기본권을 보장하라
반값 등록금 내놔
돈을 내놔!
살인해고 금지하라!
생존권을 보장하라
고용세습!
안정을 내놔!
무상보육을 내놔!
내새끼 국가가 책임져라
내놔! 내놔!

작은 정부에서 정부의 역할은 소유권 보호에 한정돼야 한다. 외부의 적으로부터 소유권을 지키는 국방, 내부로부터 소유권을 보호하는 치안, 소유권자 사이의 분쟁을 조정하는 사법이 그것이다. 이 세 가지만 잘해주면 민간의 자발적 노력으로 경제는 발전한다.

정부는 딱 요만한게 좋아
시장에 크게 개입하지 못하게
빚도 많이 지지 못하게
규제 남발 못하게
더이상 돈이없어 추진하지 못하는 정책은 과감히 포기하도록
정부

제8부

시장경제와 대한민국

지금까지 시장경제의 본질과 원리를 살펴보았다.

대한민국은 경제 자유에 기반한 시장경제 체제를 갖춘 나라다. 우리나라는 어떻게 시장경제 체제를 선택하게 되었을까?

우리나라 반만년 역사를 딱 두 시기로 나눈다면, '대한민국 이전'과 '대한민국'으로 구분할 수 있다. 1948년의 제헌헌법-대통령 선출-대한민국 선포까지 일련의 사건은 역사상 처음으로 백성이 국민이 된 혁명적 변화였다. 대한민국의 건국은 그래서 그냥 건국이 아니라 '건국 혁명'이다. 자유민주주의와 시장경제 체제를 택한 대한민국은 역사상 가장 풍요로운 나라를 건설했다. 반면, 오랫동안 역사와 문화를 공유한 북한은 사회주의 체제를 선택함으로써 세계에서 가장 가난한 나라를 면하지 못하고 있다. 대한민국과 북한의 차이는 경제 체제뿐이다. 그 단 하나 차이가 많은 차이를 낳았다.

우리가 시장경제 체제에서 살아온 기간은 고작 70여 년에 불과하다. 그래서 시장경제 체제의 사상적 뿌리가 얕고, 그만큼 시장경제 파괴자들의 선동과 공격에 취약할 수밖에 없다. 오늘의 대한민국을 있게 한 시장경제 체제를 지키려면, 이 체제가 채택된 과정과 꽃피운 비결을 알아야 한다.

건국과 부국이라는 과정에 두 명의 위대한 지도자가 있었다. 이 마지막 장에서는 시장경제 체제를 채택하고 발전시킨 두 명의 위대한 지도자를 만나본다.

건국 대통령 이승만

우리나라가 1945년 8월 15일에 일본으로부터 해방되고 1948년 8월 15일 대한민국 건국을 선포할 때까지 3년 동안 우리에게는 우리의 국가가 없었다. 이 기간 우리나라에서는 어떤 체제를 선택하느냐를 놓고 많은 논란과 심지어 유혈 충돌도 있었다.

당시 미 군정이 시민들을 대상으로 선호하는 체제를 조사한 결과, 약 70퍼센트 정도가 사회주의 체제를 선택했다. 자유주의와 시장경제에 대한 인식이 부족했기 때문이다.

해방은 우리 힘으로 쟁취한 것이 아니었다. 또 일본으로부터의 해방만 원했을 뿐, 해방 후를 위한 사상에 대한 성찰과 토론이 없었다. 이 시기 우리나라엔 자유, 경제 자유, 시장경제에 대한 이해를 가진 사람이 거의 없었다고 해도 과언이 아니다.

이승만 대통령(1875~1965)은 조선 말기에 '자유'를 이해한 거의 유일한 선각자였다. 또한 젊어서부터 경제 자유의 소중함을 알고 국제 통상을 주장한 경제사상가였다. 그가 20대에 감옥에서 집필한 『독립정신』에 이미 현대적 의미의 자유에 대한 사상이 담겨 있다.

이승만이 이런 사상을 갖게 된 것은 미국 선교사를 통해서다. 이때 초보적으로 습득한 자유 사상을 토대로 하고, 미국 유학을 통해 자유주의 체제와 국제 질서에 대한 지식을 축적할 수 있었다. 약소국의 독립은 무력 투쟁을 통해서가 아니라 강대국 간 국제 질서에 따라 이루어진다는 것을 간파한 이승만은 이후 미국과 유럽을 무대로 외교 투쟁을 시작했다.

그는 미국에서도 인정받는 사상가였으며, 국제 정치 이론가였다. 이승만은 당시 갓 출범한 소련 공산주의의 전략도 일찍이 간파하였다. 그러나 해방된 한반도가 자유주의 체제로 가느냐 공산주의 체제로 가느냐는 우리만의 선택으로 되는 일이 아니었다. 이미 소련이 북한에 공산 국가를 수립하는 계획을 추진 중이었기 때문이다. 한반도 전체를 자유주의 국가로 만들 수 없다는 한계를 정확히 안 이승만은 차선책으로 남한 지역에서만이라도 먼저 자유주의 국가를 수립해놓고, 국가를 부강하게 만든 후에 북한을 자유 통일시키는 큰 그림을 그렸다. 그 결과가 1948년에 건국한 대한민국이다.

그러나 대한민국은 건국한 지 2년도 못 되어 북한 공산 집단의 무력 침공을 받았다. 이승만은 대한민국의 안전을 확실하게 지키기 위해 1953년 미국과 상호방위조약(한미동맹)을 쟁취해낸다. 안전 보장 없이 경제는 성장할 수 없기에, 자신이 수립한 시장경제 체제를 지키기 위한 방편으로 한미 공동 방위 체계를 수립한 것이다.

5,000년 역사에 처음으로 자유 가치를 가진 체제를 수립한 우리의 건국 대통령에 대한 사후 평가는 그러나 참담한 수준이다. '이승만=독재자'라는 등식으로 부끄러운 대통령이라고 막연히 기억될 뿐이다.

대한민국의 법통을 1919년의 대한민국 임시정부에서 찾는 사람도 있는데, 따지고 보면 3·1운동을 기획한 것도, 3·1운동 직후 한성임시정부를 비롯한 모든 임시정부에서 국가수반을 한 것도 이승만이었다. 이승만 덕분에 대한민국은 남한 지역에나마 자유주의 시장경제 체제의 나라를 세울 수 있었다. 공산 정권을 수립한 북한은 70년이 흐르는

수천년 한반도
땅 백성들은
전~하~
항상 누군가 주인이 있고
그 밑에서 하인으로 살았다.
주인
하인
충직한 신민(臣民)의 삶이 강요돼온
극소수의 주인과 절대다수 하인의 땅
종놈아
예예
주인마님
그냥 이런게 너무나 당연했던 세월
하지만
1948년
8월15일
대한민국
건국과
함께
한쪽에서 주인이 사라지고
?
개인의
자유
사유
재산권
생소한 두가지가 손에손에 들려진 것이다.
몇 십년후 그 결과야 모두 알다시피 넘.사.벽...
이것은
다시말해
똑같은
뿌리를 가진
똑같은
두싹에
공산주의
평등사회
개인의자유
사유재산
각각 다른 물을 줬는데
쾅!
쾅!
한쪽만 이렇게 된 셈...

Sample!!
이것은 모든 지구인들에게!
훌륭한 체제 샘플이 되었으며
호오~
그렇구만
까아악
이어진 공산주의의 몰락에도 큰 역할을 했다.
이 모든것의 시발점이된 대한민국의 건국은
우리만의 얘기가 아닌 세계사적 공헌의 의미도 있다 하겠다
픕 웃기시네! 건국으로 우리가 주인이됐다고?
민주화 투쟁으로 주인이 된거지!
이런말 하는님들 꼭 있음
그러면 그 민주화 투쟁을 왜 우리만 했을까
민주화 그게뭐임
애초에 이 나라가 자유의 이념으로 건국됐기에 가능했던것 아닐까
자유이념 세팅
경제 발전
민주화
복지
공산주의 세팅
경제 붕괴
조선시대 회귀
레알 헬조선
첫발에 따라 뒤따르는 테크가 전혀 달라진다.
국가발전엔 단계가 있다. 처음부터 다 갖출수는 없다.
우리는 누가봐도 훌륭히 발전해 왔다.
그래서 첫발이 중요해!
그시작이 대한민국 건국임을 부인해선 안돼~
2020년 현재 북한엔 한명의 최고존엄이 있고
남한엔 오천만명의 최고존엄이 있다
두뇌 광회전
이것이 1948년에 예견되었다는 사실에 놀라움을 금치 못하겠다.
주모!
이러니 건국뽕에 취할수밖에
주모 과로사...
오늘은 누가 뭐래도 대한민국 만세다

동안 3대가 국가를 상속해온, 왕조 국가나 다름없는 나라다. 재벌의 기업 지분 상속에는 너무도 쉽게 분개하는 우리 국민들은 국가를 3대 세습하는 북한에 대해서는 왜 그렇게 관대할까?

건국 대통령 이승만의 위대함은 스스로 공부해야 알 수 있다. 조선 말기에서 6·25 전쟁까지 그 혼란의 시대에 그만 한 사상과 전략, 정치력과 외교력, 자유 체제와 공산 체제의 앞날을 내다보는 혜안까지 갖춘 지도자는 전 세계를 둘러봐도 흔치 않다.

그가 대통령 자리에서 물러난 과정도 돌이켜보자. 그가 3·15 부정 선거에 항의하는 4·19 의거로 쫓겨났다고 생각하는 사람이 많지만, 학생들이 물러가라고 데모한 지 일주일 만에 스스로 물러난 독재자가 세상 어디 있었는가?

우리의 건국 대통령을 독재자로 잘못 알고 스스로 깎아내리는 것은 대한민국의 정통성에 흠집을 내려는 세력의 전략에 말려드는 것이다. 우리가 채택한 자유주의와 시장경제 체제의 위대함을 인정한다면, 반드시 이승만을 공부하고 제대로 평가해야 한다.

시장경제 틀을 만든 박정희 대통령

1948년 대한민국 건국과 함께 시장경제 체제를 도입했다고 해서 곧바로 시장경제가 제 궤도에 오른 것은 아니다. 시장경제가 실질적으로 작동하기 위해서는 시장경제의 핵심인 '기업'이 있어야 한다. 대한민국을 건국할 때 한국의 주요 산업은 아직 농업이었고, 한 줌이나마 존재한 소비재 위주의 생산 공장들은 6·25 전쟁통에 다 파괴되고 말았다. 1960년 무렵까지 대한민국에는 아직 참다운 의미의 시장경제가 정착하지 못했다고 해도 지나치지 않다.

대한민국을 참다운 의미의 시장경제 체제 국가로 변모시킨 지도자가 바로 박정희 대통령(1917~1979)이다. 박정희는 정부 주도의 경제를 이끈 정치 지도자이니 시장주의자가 아니라는 견해가 있다. 외형만 봐서는 맞는 말이다. 그러나 정확히 말하면 박정희는 정부 주도로 시장경제의 핵심인 민간 기업을 육성한 지도자다.

경제 발전 초기인 1960년대 초, 박정희는 부족한 자원을 학연이나 지연이 아니라 '성과가 좋은 소수의 기업'에 몰아줬다. 잘하는 기업에 인센티브로 자원을 더 많이 배분해준 것이다. 오늘날 삼성과 현대 같은 국제적 거대 기업의 배경에 박정희의 경제 정책이 있다. 국가 경제가 발전하려면 소비재 위주의 자립 경제가 아니라 중화학 공업 위주의 수출 경제로 가야 하고, 경제 구조가 중소기업에서 중화학 공업 위주로 옮아가야 함을 박정희는 꿰뚫고 있었다. 이런 정책 목표를 수립하고 성과 위주로 기업을 키운 결과가 중화학 공업화, 수출 입국, 그리고 '한강의 기적'이다.

박정희 시대 경제 정책을 '정경 유착'이라 비판하기도 한다. 그러나 한국의 고도 성장은 정치와 경제의 부당한 '유착'이 아닌, 긴밀한 '정경 협력'이 있었기에 가능했다. 정경 협력을 통해 시장경제의 근간인 기업을 단시간에 효율적으로 육성할 수 있었다. 우리나라 대기업 성장의 배경이 된 박정희 정부의 '민간 기업 키우기'는 철저히 시장경제 원리에 따라 진행됐다. 그래서 박정희 경제 성장을 '정부 주도'가 아니라 '정부 주도의 민간 기업 육성'이라고 하는 것이다. 박정희는 경제 발전의 본질, 즉 시장경제의 핵심 주체는 정부가 아니라 기업이라는 사실을 잘 알고 있었고, 이를 제대로 현실화했다. 국가의 자원도 부족하던 시대, 국가의 역할인 도로·교량·항만 등 사회 간접 자본의 건설에도 힘이 부칠 때, 박정희는 국가의 역량을 갖출 때까지 기다리기보다 민간이 정부 대신 자발적으로 사회 간접 자본을 건설하도록 하는 유인 정책을 추진했다.

국가의 역할을 민간이 자발적으로 대신하게 해 성공을 거둔 또 다른 사례가 '새마을운동'이다. 열심히 일해서 성과를 낸 마을은 많이 지원하고, 성과 없는 지역엔 지원을 끊는 인센티브 정책은 정치인으로서는 하기 어려운 정책 방향이었다. '표'가 아쉬운 정치인들은 국가 균형 발전을 명목으로 낙후한 지역일수록 정부가 더 지원해야 한다는 사고에 익숙하기 때문이다. 박정희는 정반대로 잘하는 지역을 더 지원했는데, 이것이야말로 시장경제 원칙에 충실한 지원 방향이었다. 잘하는 지역에 더 많이 지원함으로써 지역 간 경쟁을 작동시켜 모든 지역이 더 열심히 일하는 분위기를 조성하는 데 성공한 것이다.

박정희의 경제 정책은 국가 주도로 이끌어나간 것은 사실이지만, 그것은 정부가 사사건건 개입해 시장의 작동을 막는 사회주의 방식이 아니었다. 민간이 서로 경쟁하게 해 시장경제의 틀을 완성하는 데 국가의 권력을 이용하고 성공한, 세계적으로 드문 사례다.

아무리 공이 있으면 뭐하냐? 과가 있는데!
공과 제리 !?
이승만이 자유대한민국을 세웠으면 다냐?
인권 탄압을 했는데?
박정희가 경제를 발전시켰으면 다냐?
독재 정치를 했는데?
미국이 우리를 도와줬으면 다냐?
여중생을 치었는데
삼삼 그룹이 국위선양 하면 다냐?
뇌물 비리를 저질렀는데?
공만 보지말고
과를 보아라!! 과과!!
과
공
언뜻 들으면 그럴싸한말
그러나 좀만 생각해보면
이건 마치
물에 빠진거 구해주면 다야?
내 가슴에 손댔는데?
심폐소생술로 살려내면 다야?
내 갈비뼈 금갔는데?
이런느낌...?
불 좀 꺼주면 다야?
신발신고 들어와서 집이 더러워졌는데!
무사히 비상착륙하면 다야?
내 아이가 놀랐는데?
뿌엥
공 과 로 세상을 보면 균형본능? 으로인해 주객이 엉뚱하게 전도될 수 있다.
따라서 공과 보다는 본질 부작용 으로 보는것이 더 합리적이다
박정희 대통령의 경우도 마찬가지.
국민들을 가난으로부터 구제
권위주의 독재
그의 본질과 부작용을

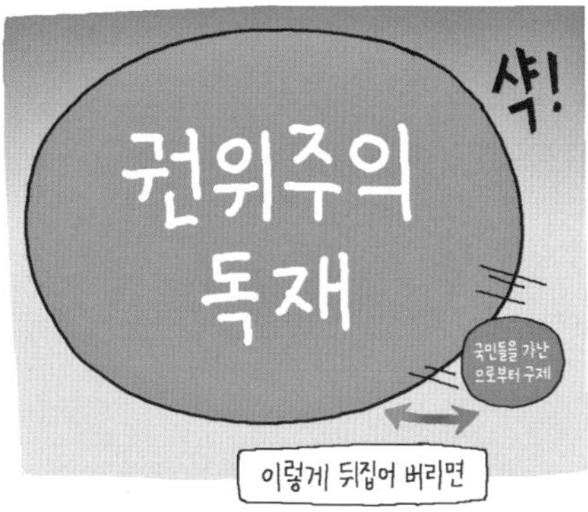
샥!
권위주의 독재
국민들을 가난으로부터 구제
이렇게 뒤집어 버리면

인권을 챙기면서 국민 한명한명 보듬으며 '친절하고 자상하게' 경제를 발전시켰어야지!
?
답이 없어 지는것

원전이 전기를 싸게 만들면 다냐?
자연을 훼손 하는데?
자동차가 빠르면 다냐?
환경을 오염시키 는데?
스마트폰이 편리하면 다냐?
영세상연이 피해를 보는데.

본질과 부작용을 뒤집으면 곤란하다

장을 담그면 구더기가 생긴다.
항암제를 먹으면 머리가 빠진다
윤서인 만화를 보면 외로워진다
항암
조이라이드
운동으로 건강해 지면
그만큼 힘들다
열심히 노력해서 성공하면
그만큼 고단하다

본질과 부작용을 뒤집으면 곤란하다

머리가 안빠지는 항암제를 내놔!
노력하지 않아도
잘사는 세상을 내놔!
세상에 없는걸 자꾸 말해봐야 소용없다.

부작용을 줄이려는 노력은 그것대로 하되
그것으로 본질까지 흐리지는 말아야
본질
부작용

본질로 돌아가는 세상이 잘살까
부작용으로 돌아가는 세상이 잘살까

오늘도 진지한 조이라이드 끝

추천 도서

이 책은 자유와 시장경제에 관한 입문서다. 더 깊고 체계적인 지식에 갈증을 느끼는 독자께는 관심 분야별로 아래의 자료들을 권한다.

자유주의 고전

프리드리히 하이에크, 김이석 옮김, 『노예의 길』, 자유기업원, 2018.

프리드리히 하이에크, 신중섭 옮김, 『치명적 자만』, 자유기업원, 2014.

프리드먼, 민병균·서재명·한홍순 옮김, 『선택할 자유』, 자유기업원, 2011.

시장경제 바로 보기

박정자, 『우리가 빵을 먹을 수 있는건 빵집 주인의 이기심 덕분이다』, 기파랑, 2020.

신중섭, 『마이클 샌델의 정의론 바로 읽기』, 비봉출판사, 2016.

신중섭 외, 『경쟁은 아름답다』, 북앤피플, 2014.

안재욱 엮음, 『격차, 그 지극한 자연스러움』, 백년동안, 2015.

현진권 엮음, 『사회적이란 용어의 미신』, 한국경제연구원, 2013.

현진권 엮음, 『사익론』, 백년동안, 2014.

현진권 편저, 『용어전쟁』, 북앤피플, 2016.

노동과 자본

김승욱 엮음, 『자유주의 자본론』, 백년동안, 2016.

남성일·신중섭 엮음, 『자유주의 노동론』, 백년동안, 2017.

이승만과 박정희

남정욱·류석춘 편저, 『이승만 깨기: 이승만에 씌어진 7가지 누명』, 백년동안, 2015.

남정욱·윤서인 엮음, 『시간을 달리는 남자』, 백년동안, 2016.

이강호, 『박정희가 옳았다』, 기파랑, 2019.

가벼운 읽을거리

복거일 편저, 『나는 왜 자유주의자가 되었나』, 에프케이아이, 2013.

복거일·남정욱 엮음, 『내 마음속 자유주의 한 구절』, 살림, 2015.

송복·복거일 엮음, 『나를 깨우는 33한 책』, 백년동안, 2014.

자유경제 톡톡

펴낸날 초판 1쇄 2022년 1월 3일
초판 2쇄 2022년 3월 15일

지은이 현진권
그림 윤서인
펴낸이 김광숙
펴낸곳 백년동안
출판등록 2014년 3월 25일 제406-2014-000031호

주소 경기도 파주시 광인사길 22
전화 031-941-8988
팩스 070-8884-8988
이메일 on100years@gmail.com

ISBN 979-11-86061-88-6 03300

※ 값은 뒤표지에 있습니다.
※ 잘못 만들어진 책은 구입하신 서점에서 바꾸어 드립니다.